JN247792

言論の不自由
香港、そして
グローバル民主主義に
いま何が
起こっているのか

ジョシュア・ウォン
＋ジェイソン・Y・ゴー
中里京子 訳
河出書房新社

Joshua Wong with Jason Y. Ng
黄之鋒

Unfree Speech
The Threat to Global Democracy and Why We Must Act, Now

目次

言論の不自由

装幀　水戸部 功＋北村陽香

［凡例］
・原注は（ ）内にその旨を注記する。
・訳注は〔 〕によって示す。

香港のために闘い、自由を失った人々に捧ぐ

新たな世代の反逆者たち

アイ・ウェイウェイ

ジョシュア・ウォン（黄之鋒《こうしほう》）は、新たな世代の反逆者を象徴する若者だ。この世代はグローバル化したポスト・インターネット時代に生まれ、一九九〇年代後半から二〇〇〇年代初頭にかけて、比較的民主的で自由だった現代的な社会・知識構造のもとで育った。彼らの世界観は、利潤の追求に何よりも執着する既存の資本主義文化の世界観とは著しく異なっている。

香港では、二〇一四年の「雨傘運動」から、現在一〇〇日以上にわたって繰り広げられている抗議活動に至るまでのあいだに、非常に独特な真新しいタイプの反逆者が台頭した。ジョシュアとその同年代の若者たちは、まさにこの現象の先導者である。彼らは理性的で、信念が固く、数字のように精確だ。そしてその目的は水晶のごとく明晰である。彼らの要求はただひとつ――「自由」だ。非常に目立つやり方で自らの権利を示して市民の自由を守れば、どのような社会においても正義と民主主義は実現できると信じている。

この世代は、自由とは当たり前の状況ではなく、絶えざる努力と闘いを通して達成されるものであることを明確に理解している。若者は甚大な責任を背負うことになり、そのために彼らの多くが今、苦しんでいる。前途有望な若い命を散らした者もいる。しかし活動家たちは、やがて目的を遂げることになるだろう。なぜなら、苦難なくして得られる自由など真の自由でないと、誰もが知っているからだ。

真の自由は懸命な努力と決意を通してのみ得られる。それこそ、ジョシュアの世代が身をもって知ったことだ。彼らは中国や他の国家に見られる、中央集権制度の権力と人権抑圧が凝縮された独裁主義体制と闘っているのだ。こうした体制が象徴するもののスケールはとてつもなく、ジョシュアの世代の努力を、神話に描かれたヒロイズムにさえ匹敵させる。彼らは、劣勢に置かれながらも強大な闇の勢力と闘い続けるヒーローだ。私は、香港の市民をはじめ、世界の他の地域で自らの権利と大義のためにデモ行進を行なっている人々が、最終的には巨大な体制に対して勝利を収め、「束縛からの自由」「正義」「権利としての自由」という、最も強力なメッセージを発信して、世界を変えることになると信じている。

ジョシュアの世代は、人類が数千年かけて築いてきた最も貴重なふたつの価値、すなわち「社会的公正」と「社会的正義」を唱導している。このふたつは、どのような文明においても最も重要な基盤だ。人類は長い歴史の中で、これらの道義を手にするために多大な代償を支払ってきた。多くの命が失われ、不運に見舞われ、裏切りや深刻なご都合主義に苦しんできた。

今日においても、こうした裏切りやご都合主義は、いわゆる「自由世界」のあらゆる場所にはびこっている。西洋においては普遍的な存在だ。ジョシュアの世代の若者は、人類の基本的理念を守るという名のもとに、こうした二枚舌、弱さ、言い逃れに正々堂々と挑んでいる。

香港の若者たちは今、信仰や宗教さながらの犠牲精神をもって偉大な社会理念を実現しようとしている。彼らの抗議活動、問題についての本質的な理解、そして直面している困難な現実に対する自覚は、真の革命の姿を全世界に知らしめている。それこそ私たちが待ち望んできたことだ。ジョシュアと彼の世代の若者が導いているこの革命を、全世界の人々がしかと見届けるよう願ってやまない。

二〇一九年一〇月一八日

推薦の辞

クリス・パッテン

歴史における不変の法則のひとつは、異議を唱える者を拘留しても、その思想を打ち砕くことはできないことだ。この法則は、世界の大文明の間にあるとされる差異によって変わるようなことはない。実際、民主主義、民族自決、市民的不服従に関する最も重要な教訓のいくつかは、マハトマ・ガンジーから金大中《キムデジュン》に至るアジアの人々からもたらされたものだ。

さらに言うと、共同体の指導者が、抗議者を封じ込めることなく事態の収拾が図れないのであれば、その共同体を長期にわたって健全に維持し活性化させることなど不可能だと思われる。自由思想の検閲は、インターネットでの発言を制限したり、ジャーナリストを投獄したり、はてはジョークを禁止したりまですればできるかもしれない（北京にいるときには、たとえ何があっても『くまのプーさん』に出てくるすべてのキャラクターについて絶対に口にしないこと。とりわけ、黄色い傘をさしているときには！）それに、たとえどれほどの権力があっても、民衆がものを考えることを阻止するのは不可能だ。民衆が考えついた良いことは、独裁主義者が押し付けようとしている悪いことを、いずれ駆逐することになる。

香港のみならず世界中の人々が、ジョシュア・ウォンとその仲間たちの勇気、決意、雄弁さに感嘆している理由は、その要求が概して至極真っ当なものであること、そして彼らは過去・現在・未来へと引き継がれていく人間の強い願望を達成するために努力していることがはっきりしているからだ。ジョシュアとその仲間たちに対処する唯一の方法は法による支配しかないという決議論的な示唆をする者は、中国共産党の秘密警察によって香港から人々が拉致されたときに押し黙って見て見ぬふりをした者たちである。彼らは香港の自治や法律には何の興味もない。おそらく、ほかの者たちが目にしたことは、実際には起きていないと信じ込んでいるのだろう。

説明責任、民主主義、言論と集会の自由、大学の自治、制約されない活気に満ちた市民社会の実現を求める抗議活動を、中国からの独立達成への圧力に変えようとする者たちがいる。しかし私は一度として、そうした者たちを支持したことはないし、そのことは、ジョシュアと彼の仲間もよく知っている。そのような試みは危険な袋小路に自らを追い込むものでしかない。とはいえ理性ある人々なら、そのような動きがなぜ、どのようにして生まれたのかを自らに問うてみるべきだ。

香港で増大する中国の「統一戦線」活動、すなわち公約である香港の自治権を抑圧しようとする試みは、いかにして香港の若い世代の愛国心を高揚させることになったのか？　もちろんその結果は、中国が意図したこととは正反対のものになった。それは、香港の人々の中国人としてのアイデンティティを薄めることにはならなかったものの、かえって「香港の中国人」としての誇りを高めることになったのだった。英国の植民地政府が決して成しえなかったことを中国共産党がやってのけたというのは皮肉な話である。

少し前のことだが、不安な思いを抱かされたことが二度ある。そのひとつは、香港の若い女性から、愛する都市の自由が蝕《むしば》まれてゆくのをどうやったら止められるかと涙ながらに尋ねられたとき。もうひとつは、ある銀行幹部（長年香港に駐在していた男性）から、初めて香港の将来が気がかりになりだしたと告げられたときである。

私は、いろいろな意味で、ジョシュア・ウォンと彼の仲間たちこそ、香港を愛し心を痛めている彼らに対する一種の答えになると思う。ジョシュアたちの情熱が吹き消されないかぎり——そうはならないはずだ——香港は、小さな物事から偉大な物事を創り出す人類の可能性を象徴する場所として生き残ると私は信じている。その過程において、中国が公約を履行することにおいてどこまで信頼できる国であるか、世界が注視し続けるように願う。私自身を含めた世の中の大半の人たちの思いについて述べるとすれば、香港のジョシュアは、北京の共産党政治局員および彼らを正当化しようとする香港や他の地域の擁護者たちより、はるかに信頼できる人物だ。

二〇一八年五月
最後の香港総督

序幕

二〇一七年八月。香港の街に焼けつくような日差しが降り注ぎ、大学生たちが夏のアルバイトを切り上げたり家族旅行から戻ってきたりしているなか、ぼくは禁錮六カ月の判決を言い渡された。それは、世界に衝撃を与え香港の歴史を変えることになった雨傘革命で担った役割を罰する判決だった。その後ただちに、かつて通っていた学校のすぐそばにある刑務所「壁屋《ピックオック》懲教所」に収監された。ぼくはそのとき二〇歳だった。

当初、地裁が下した刑罰は八〇時間の社会奉仕活動だったのだが、律政司〔香港の法務庁〕が刑を重くするよう高裁に上訴して勝訴したため、投獄されることになったのだ。非合法集会参加罪で禁錮刑の実刑判決が下された者は、それまで一人もいない。こうしてぼくは、香港初の政治囚の一人になった。

刑務所に入ってからは日誌を付けることにした。時間が早く過ぎるように、そして刑務所内で知りえたさまざまな出来事や多くの会話を記録するために。そのとき、書き溜《た》めたものをいつか本にすることもあるかもしれないと考えていたのだが、それが本書に結実した。

本書は三幕からなる。第1幕は言わばぼくの成長物語で、一四歳の学生活動オルガナイザーから、政党創設者、そして香港内外でますます強まる中国の圧力に対する抵抗運動の顔になるまでを綴《つづ》ったものだ。この幕はまた、香港で草の根活動が生まれた騒乱の一〇年間をつまびらかにする創世記でもある。こうした活動は六五〇万の香港人を政治的無関心から目覚めさせて社会的正義を強く意識させ、その過程で国際社会の注目を集めることになった。

第2幕は、塀の中で過ごした夏にぼくが経験した出来事や逸話からなる。これらは、毎晩刑務所の監房に戻ったあと、硬いベッドに座り、うす暗い照明のもとでペンを走らせた手紙を集めたものだ。この幕では、香港における政治活動の現状、進むべき方向、そしてこの活動がどのように人々の将来を形作ることになるかについてぼくの考えを知ってもらえたらと思っている。さらには、看守たちと交わした話や、テレビで一緒にニュースを観たり虐待の話を伝えあったりした受刑者との交流の話を通して、刑務所暮らしの真実も伝えたかった。刑務所での経験は、マーティン・ルーサー・キング・ジュニア〔キング牧師として知られる、アフリカ系アメリカ人公民権運動の指導者〕や劉暁波《りゅうぎょうは》〔ノーベル平和賞を受賞した中華人民共和国の著作家、人権活動家〕などの投獄された偉大な活動家たちを一層身近に感じさせることになった。香港とぼく自身にとっての暗黒の日々に精神を鼓舞して導いてくれたのも、これらの巨人たちである。

　本書の終幕は、世界の人々に対して、自らの民主主義的権利を守る必要性を呼びかける緊急提言になっている。アメリカ・プロバスケット協会（ＮＢＡ）のソーシャルメディア論争やアップル社による香港の警察追跡アプリの削除といった最近の出来事は、香港を苦しめてきた自由に対する侵略が香港の外の世界にも広がりつつあることを示している。多国籍企業や各国政府、そしてとりわけ一般市民が、香港で起きていることに注意を払いはじめ、その事態を初期の警報とみなさなければ、あらゆる人が市民的自由が侵害されつつあると感じるようになるのも、もはや時間の問題だろう。香港の市民は過去二〇年以上にわたり、日々の生活の場でそうした侵害に耐え、抵抗してきた。

　ぼくは、世界の読者に向けて初めて執筆した本書『言論の不自由』を通じて、精神面と経験の双方で変貌を遂げた一人の若者の姿を知ってもらえるよう願っている。その一方で本書はまた、変貌を遂げる都市、香港の姿も明らかにするものだ。それは、英国の植民地から共産主義統治下の特別行政区へ、ガラスと鋼鉄のコンクリートジャングルからガスマスクと雨傘でひしめく都会の戦場へ、そして傑出した金融センターから、世界的規模の脅威が襲う中で自由と抵抗の輝かしい砦へと変貌した都市だ。こうした変貌は、より良い香港を実現するための闘いを推し進めるぼくの決意をさらに強めることになった。それは、ぼくの思春期を形作った大義、そしてぼくの人となりを今も形作り続けている大義である。

壁屋懲教所での毎日は厳格な朝の行進から始まる。受刑者は歩調を合わせて行進し、停止して直角に向きを変え、看守を見上げて一人ずつ出席を申告する。ぼくは毎日、自分の口が声を限りに同じ言葉を叫ぶのを耳にした。「おはようございます、看守殿！　自分ジョシュア・ウォン、受刑者番号四〇三〇XXは、非合法集会参加の罪で有罪判決を受けました。ありがとうございます、看守殿！」

ぼくはジョシュア・ウォン。受刑者番号四〇三〇XX。ぼくの話を聞いてほしい。

第１幕

創世記

若いからといって軽く見られることがないよう、言葉においても、態度においても、愛においても、信仰においても、純潔においても、信者の良き模範となれるようにしなさい。

（テモテへの第一の手紙、4章12節）

約束の地へ——新たな香港人の台頭

ぼくは一九九六年、火鼠《かそ》(丙子《ひのえね》)の年、香港が中国に返還される九カ月前に生まれた。六〇年で一巡する中国の干支《えと》によると、火鼠生まれは冒険好きで反抗的、そしておしゃべりだそうだ。クリスチャンのぼくは、西洋のものにしろ東洋のものにしろ星占いは信じていないが、この性格占いは結構当たっているように思う。とりわけ、おしゃべり好きなところは、まさに図星だ。

「ジョシュアは、赤ちゃんだったときにも、哺乳瓶を口に入れたまま、ステージで演説してるみたいな音を立てていたのよ」今でも母は教会で初めて出会う人に、こんなふうにぼくを紹介する。赤ん坊のときに何をしていたかなど全然記憶にないが、母の話は信ずるに足るから、きっとそうだったのだろう。

七歳になったとき、ぼくはディスレクシア〔読み書き障害、失読症〕と診断された。簡単な漢字に手こずるぼくを見て、両親は早くからその徴候に気づいていた。就学前の子どもたちでも数日で覚えてしまうような漢字、たとえば「大」と「太」という字の違いが、ぼくにはわからなかった。こうした間違いは、一〇代半ばになるまで、宿題や試験で犯し続けることになる。

それでもこの学習障害は会話能力には影響を与えなかったので、自信たっぷりに話をすれば弱点を補うことができた。マイクロフォンはぼくを気に入り、ぼくはそれ以上にマイクロフォンを愛した。幼いころには、教会の人々に対して、冗談を言ったり、年上の子供でも訊《き》くのをためらうような質問をしていた。牧師や教会の長老たちに、「そんなに神さまが慈愛深く優しいっていうなら、どうして香港では、貧しい人たちがケージホーム〔金属製の網に囲まれたごく狭い居住空間〕に住んでるの？」とか「毎月教会に献金しているけど、そのお金はどこにいくの？」などといった問いをぶつけたものである。

両親に連れられて日本と台湾に旅行したときには、ツアーガイドのマイクを奪い、まったく自然なことでもあるかのように、さまざまなトピックについて、見どころや楽しめることなどをツアー客に伝えまくった。それはインターネットで集めた真偽不詳のトリビア情報だったが、ツアー客は歓声を上げて、そんなぼくを応援してくれた。

早口でしゃべり続ける癖と好奇心は、どこへ行っても、人々から称賛と含み笑いを引き出した。小柄だったことと、ぽっちゃりした頰のおかげで、うっとうしく横柄だと思われかねなかった態度も、「かわいらしい」とか「奇抜」だとか「おませ」だなどとみなされた。ときには、この「知ったかぶり」の子を黙らせたいと思う教師や親もいたが、そうした人たちは少数派で、ぼくは学校でも教会でもかわいがられた。「息子さんは特別だね。きっと将来素晴らしい弁護士になるよ！」父は教会でよくそう言われたものだ。

西洋では、ズケズケと物を言う子を見た人は、将来有望な政治家や人権活動家になると期待するかもしれない。だが世界有数の資本主義地域である香港では、そのどちらも、不倶戴天《ふぐたいてん》の敵にさえ望もうとは思わない職業だ。たいていの親にとって、わが子の成功とは、実入りのいい法律、医学、あるいは金融分野の仕事に就くことだ。だが、ぼくの両親はそうした人々とは一線を画していたから、ぼくもそんなふうには育てられなかった。

ぼくの両親は二人とも敬虔《けいけん》なクリスチャンだ。父はＩＴ分野の専門家だったが、教会の仕事と社会事業に専念するため早期退職の道を選んだ。母は地元の公民館で家族向けのカウンセリングをしている。二人は一九八九年に結婚した。それは、中国政府が天安門広場に戦車を差し向けて学生活動を弾圧した数週間後のことだった。父と母は結婚披露宴をキャンセルし、友人と親族に簡素なメッセージを手書きで記した手紙を送った。「国が危機に瀕《ひん》するなか、形式ばった披露宴などしているわけにはいきません」と。豪勢な結婚披露宴を催すことが結婚そのものと同じぐらい重要な通過儀礼とみなされる文化において、その決意は大胆かつ高潔なものだった。

ぼくの中国語の名前、之鋒は聖書にちなんで付けられたものだ。之鋒とは詩編第四五編五にある「鋭いもの」という意味で、聖書には「あなたの矢は鋭く、王の敵のただ中に飛び／もろもろの民はあなたの足元に倒れる（聖書協会共同訳）」とある。もちろん両親は、ぼくに誰かの心臓をつらぬかせたいなどと思ったわけではなく、真実を口にし、それを剣のように使って、虚偽と不正をつらぬかせたいと思ったのだ。

ひどく多弁であることを除けば、ぼくはかなり典型的な子供だった。小学校にはジョゼフという親友がいた。ジョゼフはぼくより背が高く、ハンサムで、成績もよかった。だからもっと人気のある子供たちと付き合うこともできたのだが、ペチャクチャしゃべり続けるという共通の癖を通してぼくらは親友になった。じつにぼくらは、机が七つも離れていたにもかかわらず、授業中もずっとしゃべり続けていた。小学二年生（六〜七歳）のとき、ぼくらのおしゃべりに手を焼いた担任のストゥー先生が校長に嘆願して、次の年に二人を引き離すため別々のクラスに入れようとしたが、彼の願いは届かなかった。

ジョゼフとぼくは切っても切れない仲だった。学校が引けると互いのマンションに行ってテレビゲームをしたり、漫画を交換したりした。ぼくが映画館で初めて観た映画は、香港が一部登場するハリウッド超大作、バットマンの『ダークナイト』だが、この映画を一緒に観たのもジョゼフだった。

ぼくらには、ほかにも共通項があった。香港返還後生まれで最初に小学校に上がった子供たちの学年にいたことだ。つまりぼくらは、香港史上最も重要な政治的出来事が進行するさなかに、この世に生まれ落ちた世代である。一九九七年七月一日、一五六年にわたる英国の統治が終わり、香港は植民地の過去を捨て去って、中国のもとに戻った。それはいわば子と母の再会、そして香港ビジネス界のエリートにとっては中国大陸の新興市場が利用できる機会で、主権の移譲は喜ばしいことであるはずだった。しかし、大多数の平均的な香港人にとってはそうではなく、多くの親族や友人が共産党による支配を恐れて、運命の日が訪れる前に香港を後にした。ぼくが生まれたころまでには、アメリカ、英国、カナダ、オーストラリア、ニュージーランドなどの国々に移住した香港市民の数は五〇万近くに及んでいた。そうした人々にとって共産主義とは、「大躍進政策」と「文化大革命」がもたらした政治的災厄にほかならなかったのである。大躍進政策は、先進工業国入りを目指した中国が一九五八年から一九六二年にかけて行なった経済政策だったが、それは悲惨な失敗に終わり、三〇〇〇万人に及ぶ農民の大量餓死を引き起こしたと推定されている。そして文化大革命は、一九六六年から一九七六年にかけ、資本主義的傾向とライバルの双方を駆逐するために毛沢東《もうたくとう》が主導して行なった政治経済運動だった。中国から香港に逃れてきた人々やその親にとって、共産主義による統治は、故郷から逃げ出さざるをえなかったそもそもの理由である。逃れてきた体制――ぼくの祖母に言わせると「盗人《ぬすっと》と人殺したち」――に香港が返還されるというのは、そうした人々にとって、ただただ恐ろしく、想像することすらできない事態だった。

　しかし、ぼくにとってそれらすべては、単なる噂話《うわさばなし》に過ぎなかった。中国の統治しか知らずに育った者にとって、そうしたことは、ただの言い伝えや都市伝説以上のものではなかった。公共の場や政府の建物の外にはためいているのは、生まれたときから、五つ星の赤い中国旗。ロンドン風の二階建てバスと、「ヘネシー」「ハーコート」「コンノート」といった英語のストリート名を除けば、植民地時代の香港の記憶もないし、英国による統治への愛着もない。ぼくが通ったような地元の学校では今でも英語で授業を行なっているが、生徒は、中国共産党が数百万人を赤貧の中から救ったことをはじめ、現代の中国が数多くの経済的成功を成し遂げたことを誇りに思うように教育される。そして学校で、返還前に中国と英国が度重なる交渉の後に苦心して作成した香港のミニ憲法、すなわち香港特別行政区基本法（通称「基本法」）が次の宣言で始まっていることを学ぶのだ——「香港特別行政区は中華人民共和国の不可分の領土である」。中国は香港の母国であり、慈愛に満ちた親として、常に香港の利益を最優先に考えることになっている。いわゆる「一国二制度」の枠組みのもとに。

英国と中国が一九八四年に交わした国際条約である中英共同声明が生み出した「一国二制度」は、返還協議中に優秀な人材と富裕層が香港から集団脱出するのを防ぐ策として、当時の中国最高指導者、鄧小平《とうしょうへい》が編み出したものだった。鄧小平は脱出を図ろうとする市民に対し、香港は独自の経済と政治システムを失うことなく中国と再統一されるというメッセージを伝えて、彼らを安心させたかった。彼は「馬は走り続け、踊り子も踊り続ける」〔競馬は続行され、ナイトクラブも営業を続けられる、という意味〕という有名な言葉で、香港市民の暮らしは変わらないと約束した。

鄧小平の戦略は功を奏した。香港は「一国二制度」によって、英国の植民地から中華人民共和国の特別行政区へと円滑に移行したのである。大部分の人にとって、主権移譲はただの空騒ぎに終わった。時計の針が一九九七年六月三〇日の零時を回るなか、テレビの画面を食い入るように見つめていた六五〇万の香港人の目に、最後の香港総督クリス・パッテンが総督官邸を永久に後にする姿が映った。パッテン総督が、チャールズ皇太子に伴われて英王室専用船「ブリタニア号」に乗り込むと、誰もが安堵《あんど》の吐息をもらした。威風堂々としたドラマチックな式典が催されたとはいえ、実質的には何も変わらなかったからだ。恐れをなして香港を脱出した人は、過剰反応して中国の善意を過小評価していたのだと、大部分の市民が思った。

しかし、ぼくの「一国二制度」との最初の出会いは、国際条約や憲法の枠組みなどではなく、もっと直感的なものだった。五歳のとき、ぼくは両親に連れられて広州《こうしゅう》へ小旅行に出かけた。広州は、香港に隣接する中国広東省《カントンしょう》の省都で、それは二〇〇一年、中国が世界貿易機関（WTO）に加盟し、奇跡的な経済発展を遂げ始めた年のことだった。

当時まだ広州は、香港に比べると辺鄙《へんぴ》な田舎だった。インターネットの接続も不安定で、ウェブサイトの多くがブロックされていた。広州の人々は香港人と同じように広東語を話していたが、その振る舞いは異なっていた。香港では、絶対に道で排便したり唾を吐いたりしないし、店では列に並んで順番を待ち、店員に話しかける。でも、中国ではそうではなかった。

さらには車も反対側を走り、買い物をするときには人民幣と呼ばれるボロボロの小さな紙幣が使われていた。標識やメニューは、簡略化された中国の漢字（簡体字）で書かれていて、そうした字は香港の漢字に似てはいたが、完全に同じではなかった。コカ・コーラでさえ違う味がした。使われていた中国の水のせいで奇妙な後味があったのだ。そんなわけで、子供心に「香港のほうがいいな」と思ったのを覚えている。

ぼくの両親の世代もぼくの世代も、香港の子供たちは日本のアニメを観て育った。アジア屈指の経済発展国である日本は、長いこと香港人から、流行の文化とあらゆるカッコいいことの発信地とみなされてきた。ぼくは、マーベル・コミックスやDCコミックスの日本版に当たる『機動戦士ガンダム』というSFシリーズの熱烈なファンだ。『機動戦士ガンダム００《ダブルオー》』、『機動戦士ガンダムSEED』、『機動戦士ガンダム　鉄血のオルフェンズ』といったぼくのお気に入りの作品には共通のテーマがある。それぞれ、孤児の子供が里親から里親へと移されるなか、世の中における自分の居場所を苦労して見つけてゆくというストーリーが展開するのだ。

毎週土曜の朝に放映されるアニメに繰り返し現れる里子《さとご》のテーマは、ぼくの住む都市、香港のことを思い起こさせた。多くの意味で香港は、白人の家庭で育てられた子が、本人の了承なく、生みの親の中国人のもとに返されたようなものだ。母親と息子にはほとんど共通点がない。言葉も習慣も、政府に対する見解も違う。ずっと離れていた母親に対する愛情と感謝の念を無理強いされればされるほど、子供は抵抗しようとする。そしてその子は、途方に暮れ、見捨てられ、独りぼっちになったという思いを抱く。「一国二制度」は、一九九七年に、かつての植民地を中国による統治に円滑に移譲するうえでは役に立ったかもしれないが、深まるアイデンティティの危機を緩和するには、ほぼ無力に近い。香港は英国の都市ではないが、中国にもなりたくない。そして独自のアイデンティティを主張したいという思いは年々強まっている。

これこそ、ぼくらの世代、つまり英国の統治が終わった直後、まだ中国の統治が定着していなかった時期に育った世代の気持ちを一言で表したものだ。ぼくの世代が、母国と呼ばれる国に対して抱くためらいは、空虚さを埋め合わせる方法を探そうとする気持ちに拍車をかける。ぼくらは、世界から自分の居場所を切り取り、自分のイメージにあったアイデンティティを確立したいともがいているのだ。そして、自己像を築く土台として、香港のポップカルチャー、言語、食物、独特の暮らし方にますます頼るようになっている。レトロな街並みを保存し、地場産業を支え、標準中国語に置き換えられようとしている広東語を守ろうとする努力は、今や、若者による改革運動に発展しつつある。

ぼくが一〇歳だったとき、香港最大のニュースは、スターフェリー桟橋とクイーンズ桟橋という、人々に愛され、歴史的にも重要なふたつの桟橋を取り壊しから守ろうとして起きた大規模デモだった。その活動の真髄は、心無い都市開発および貧しい地域を中産階級化しようとする政府の目論見《もくろみ》への抗議というよりも、芽生えつつある自らのアイデンティティを守ることにあった。そのときの抵抗と怒りの噴出は氷山の一角だった。新たな香港人の出現は、まだ始まったばかりだったのである。

＊

だが、ぼくの政治的成熟は一二歳になったときに一旦保留になった。小学校の最終学年に達するやいなや、ぼくやクラスメートにとっての最大の関心事は、まずまずの中等学校〔セカンダリースクール。日本の中高一貫校に当たる〕に合格できるかどうかになったからだ。香港には「中等学校は運命を決める」という言い習わしがある。これは決して誇張ではない。香港の教育制度は冷酷至極で、どこの中等学校に通うかで将来が決まる。つまり、どの大学に入学できるか、どんな進路を選べるか、卒業後にどんな仕事に就けるか、どれだけ稼げるか、どんな人とデートして結婚できるか、そして究極的に、社会からどれほどの尊敬を勝ち得ることができるかが、すべてどこの中等学校に進むかによって決まるのだ。だからこそ、いわゆる「ヘリコプター・ペアレント」〔上空から子供を常に監視して問題が起こると急降下してくる親という意味で、過保護な親を指す〕は、手の込んだ「ポートフォリオ」を用意して、わが子を学校に売り込もうとする。数種の楽器演奏能力と珍しい外国言語の習得は、望ましい資質どころか標準になっている。

ぼくは楽観視していなかった。ずば抜けた履歴書もなく、ディスレクシアが成績を引き下げていたぼくには、良い中等学校への進学が簡単ではないことがわかっていた。でも、あきらめるつもりはなかった。ヨシュア〔旧約聖書の人物。英語ではジョシュア〕が託された仕事をやり遂げて民を約束の地へ連れて行けるようになる前に、モーセが砂漠を四〇年もさまよったのなら、この火鼠が少し努力することなど、何でもないはずだった。

中国でよく言われる格言に「勤勉はあらゆる欠点を補う」というものがある。その年、ぼくはテレビゲームと漫画をしまい、毎週二〇時間、家庭教師について勉強した。とりわけ、成績の足を引っ張っていた弱点教科の中国語と英語には力を入れた。猛勉強のおかげで、小学校の推薦リストに載るために必要な成績平均値を〇・一ポイント上回ることができ、学業成績が優秀だというより「将来傑出する可能性がある」ことについて推薦してほしいというぼくの率直な要求に応えて、校長と年級担任の双方が推薦書を書いてくれた。

中等学校入試の最終面接にこぎつけたぼくに、入学審査職員がこんな質問をした。「もし友人から、いじめられていると告げられたら、ジョシュア、君はどうするかい?」ぼくは、まるで同じ質問を何百回もされたことがあったかのように躊躇《ちゅうちょ》せず答えた。「その友人を教会に連れて行って、神に導いてもらいます。いじめっ子のほうにさえ同じことをするかもしれません。神はあらゆる人について、計画を抱いておられるからです」職員が微笑《ほほえ》んだので、ぼくも微笑み返した。やがて、ユナイテッド・クリスチャン・カレッジ〔中国名は滙基書院、略称UCC〕から合格通知が届いた。入学を辞退した生徒がいたのだという。この学校はぼくの第一志望校だった。

大躍進――学民思潮と国民教育

中等学校は新鮮だった。子供扱いされていた六年間の小学校生活とは異なり、今や若い大人として、クラスで自分の意見を表明したり、放課後に活動をしたりする自由が与えられた。さらに、学校のカリキュラムは丸暗記を強いるのではなく、分析と批判的思考を育てるものだった。そのおかげで、ぼくのディスレクシアは以前より足かせにはならなくなった。

ぼくは写真と動画を撮るのが大好きだったので、手持ちカメラを携えて校内をめぐり、学校で起こる大小さまざまな出来事を撮影した。そして写真をフェイスブックにアップロードし、それらを綿密にアルバムに整えた。自分のブログも始め、ユーモアに富んだコメントを付けて校内の出来事を記録した。それはただちに人気を博し、数千人のフォロワーがついた。その多くは、校内における我が子の様子を知りたがっている親たちだった。こうしてぼくは、UCCにとっては新参者だったにもかかわらず、すぐに校内のジャーナリスト、映像作家、芸能記者として名を馳せるようになった。とはいえ友人の間では、ぼくは「ドクオ」（毒男）として知られていた。これは日本語から来た言葉で、ガールフレンドを持たず、テレビゲームとガジェットと共に放っておかれるのを何より好む若い男のことだ。

ガールフレンドがいようがいまいが、ぼくは自分のことをハンス・クリスチャン・アンデルセンの『裸の王様』に出てくる子供のようにみなしていた。それは、街の人々が思ったことを正直に言わないなか、部屋の中にいる象〔誰も触れない大きな問題〕を指摘する役を買って出た少年である。香港の教育制度にはあまりにも多くの象がいた。あるときぼくは、教室内でのおしゃべりに業を煮やした中国語の教師から、口をつぐんで教室の隅に立っていなさいと命令された。席から立つとき、ぼくは教師の目をまっすぐ見つめて、こう言い放った。「こんなことは子供を正しく指導する方法ではありません。先生は、壁を見つめて立っていれば、ぼくがよい生徒になるとでも思っているんですか?」教師は言葉を失い、クラスメートは茫然《ぼうぜん》とした。

権力に抗うぼくの傾向は、ズケズケものを言う癖にソーシャルメディアの威力が組み合わさって、すぐに新たな展開を迎えることになった。

ぼくはおいしい食べ物が大好きで、自分の味覚は会話能力と同じぐらい鋭いと思っている。中等学校の二年生(一三〜一四歳)になったとき、過去一年間にわたってUCCの食堂が出す基準以下の食事に辟易していたぼくは、自力で状況を変えることにした。フェイスブックページを立ち上げてオンライン請願書を作り、食堂が提供している油っこくて味気なく、不当に高い弁当に対する不満を声に出すよう、クラスメートに呼び掛けたのである。このキャンペーンは迅速に広まり、UCCの生徒の一〇パーセントまでが請願書に署名することになった。

「UCCの劣悪な食事にいつまで我慢しなければならないのか」と題した前代未聞の活動は、この人気のせいで、すぐに学校当局の注意を惹くことになり、数日後、ぼくは校長室に両親と共に呼び出された。「ジョシュアはいい子です」と、トウ校長は両親に前置きしてから目を狭め、「でも、彼がしたことは……その……理想的とは言えません。他の生徒を駆り立てて、学校を難しい立場に追い込みました。さらに悪いことに、我々の許可を得ずに、公開請願書によって学校を告発したのです」すると、すぐに父がぼくを弁護した。「でも、お言葉を返すようですが、息子は何も悪いことはしていません」

次に、常に仲裁役になる母が、トウ校長でさえ同意を余儀なくされる理性的な状況判断を口にした。「先生、フェイスブックのページはすでに存在しています。もし、ジョシュアがそれを閉鎖したりしたら、影響はもっと甚大なものになるでしょう。そのままにしておくことが最善の策ではありませんか」こうして、ぼくは両親のおかげで停学処分にも懲戒処分にもならず、一切傷を負わずに校長室を後にすることができたのだった。

だがそれは、学校内でソーシャルメディアによる活動を行なう最初で最後の機会になった。そう決心したのは問題になるのを恐れたからではなく、他に取り組むべきもっと重要な案件があることに気づいたからだ。ずっと大きな不当行為が日々ぼくらの目の前で繰り広げられているときに、学校内の些細《ささい》な問題にかかずらっている暇などない。こうしてぼくは、目をより高いところに据え、ずっと大きく、より喫緊《きっきん》の問題に取り組むことにした。

食堂改善請願書の一件を遡《さかのぼ》ること数週間前、ぼくはある啓示を受けていた。それが訪れたのは、ふだんと変わらない土曜日の午後に、いつもの社会奉仕活動を行なっていたときだった。敬虔なクリスチャンであるぼくの父は、空き時間の大部分を奉仕活動に費やしている。ぼくも父について、高齢者や恵まれない家族や障害のある子供たちのもとをよく訪れていた。

その土曜日、ぼくは父と一緒に、前の年にも訪れた高齢者施設を訪問した。八〇代の高齢者が数十人、デイルームに大きく円形に並べられた椅子に腰かけてぼくらを待っていた。そのときふいに気づいたのである。パステルカラーの壁紙が剝《は》がれた壁とボロボロになった椅子が一年前から変わっていないことに。前の年と同じ顔が、じっとこちらを見つめていた。ひどい人手不足、古い設備、貧窮した孤独な入居者といった状況は、一年前に施設を後にしたときから全く変わっていなかった。思わず涙が込み上げてきたが、心の底では、悲しさよりも怒りが渦巻いた。

ぼくは父に尋ねた。「こんなことをして何の意味があるの？　何も変わらないなら、何のためにやってるの？」父はぼくの肩をポンと叩いて答えた。「あの人たちを数時間は楽しませてあげられているだろう？　彼らのために祈ろう。私たちや教会にできることは、それしかない」

尊敬している父ではあるが、その言葉にはまったく同感できなかった。そこの人たちにしてあげられることはもっとある。ただぼくらの努力が足りないだけだ。中産階級の住宅地に住み、壮麗なメガ教会に通い、海外旅行に出かけられるぼくらのような家族がいる一方で、香港の人口の五分の一近くが最低生活水準を下回る状態で暮らし、食べるものにも困り、まともな住居にも住めないというのは、あまりにも不公平だ。

ジニ係数というのは所得格差を表す指標だが、ぼくは学校で、香港のジニ係数は世界最高水準にあると習った。だからこそ、高齢者がゴミ箱を漁り、古紙を載せた重いカートを丘の上まで運んで、わずかな金に換えているのだ。それはあまりにもふつうの光景だから、もはや誰の目にもとまらない。そんな状況が改善しないのは、教会に通う中産階級の人々と同じように考える人が、あまりにも多いからだ。祈りを捧げることで、充分やったことにしよう……。

ぼくは、神は理由があって、ぼくをこの世につかわしたのだと信じている。神の名を称《たた》え聖書を学ぶ以上のことを望んでいるはずだと。神はぼくに行動を起こしてほしいのだ。以前父から、ＷＷＪＤという頭字語を教わったことがある。これは「What Would Jesus Do（イエスだったらどうするか）」の略語だ。ぼくは、イエスが自己満足して誰かの肩を叩きながら、あの高齢者施設を後にするとは思えなかった。もしそうだとしたら、ぼくは主を偽善者よばわりしただろう。「王様は裸だ！」と叫んだ少年のように。

この一件のあと、ぼくは落ち着かなくなった。善意と行動の間にギャップがあることはわかっていたが、だからと言って、あの施設にいる人、ひいては世の中の誰についても、実際に何をしてあげられるのかわからなかった。だが個人的にきわめて重要な出来事があった。この思春期の転換点に至る少し前、ＵＣＣで「共犯者」に出会っていたのだ。

ジャスティンは同じクラスにいたもう一人のドクオで、ぼくらはテレビゲーム、アニメ、学校でいたずらをすることに同じ情熱を抱いていた。たとえば、第二学年が終わった夏休みに、ぼくらが大好きだった二人の教師が結婚するという発表があった。そこでジャスティンと、このカップルを祝う寸劇を作ることにした。新郎を演じるのはジャスティン。他のクラスメートにも声をかけて、新婦と、二人の結婚を祝福する親族の役を演じてもらった。ぼくは映像作家として疑似結婚式を撮影し、感情表現を高めるために、サウンドトラックまで加えた。完成した動画をユーチューブで見たとき、新郎新婦は感激のあまり涙を浮かべた。

こうした出来事は学内に野火のように広がったため、ときおりトラブルを起こしていたにもかかわらず、ぼくらは教師たちのお気に入りになった。そして、ジャスティンとぼくは親友になった。だがジャスティンが与えてくれたのは、友情以上のものだ。彼はぼくと出会うずっと前から政治オタクだったのだ。「これこそ問題の核心だ」と、香港の選挙と政府の法案に関するニュースフィードをアイフォンの画面でスワイプしながら、こともなげによく言っていた。

やがて、ジャスティンの政治熱がぼくにも感染した。一緒に地元の書店に出かけ、政治セクションで長い時間を過ごした。本の交換もしたので、自宅で読める本の量は二倍に増えた。

一二歳だった二〇〇九年の夏には香港の政治に関する本を読み漁り、知りえたことをジャスティンと話し合った。香港の奇妙な選挙制度について読んだとき、そしてそれが反対派を妨害しやすくするために政府がつくった制度だったと知ったとき、「信じられない！」と叫んだことを覚えている。「ぼくらの政府は混迷している。なのに、どうして誰もそう言わないんだ！」ぼくは激怒して大声を出した。

ジャスティンはあきれたように天井に目をやった。「ようやくわかってくれて嬉しいよ。香港にようこそ！」と言わんばかりに。

香港の政治制度は、本当に独特だ。これは中国との返還交渉において英国が苦しみながら――冷淡に、という者もいるが――行なった無数の譲歩の産物であり、「香港特別行政区基本法」として成文化された。

「基本法」は政府の三つの機関、すなわち行政、立法、司法を規定している。この制度のもとでは、一般の市民が、香港政府のトップと行政機関の長を務める香港特別行政区行政長官（ロンドンやニューヨークの市長に相当する地位）を選挙で選ぶことはできない。行政長官は、親中派委員、大企業、職能集団でひしめく委員会によって選出される。委員の大部分は、北京の中央政府の指示に従って投票する。こうして、香港の市民に説明責任を負わず、自らをその地位に就けてくれた北方のボスの言葉にしか耳を傾けない行政長官が誕生するというわけだ。

立法機関も行政機関と同じくらい不合理だ。立法会は七〇名の議員からなり、二種類の選挙区、すなわち、地区別選挙区〔香港住民が直接投票できる普通選挙で選出〕と職能別選挙区〔実業界と知的職業層が議員を選出する間接選挙で選出される三〇議席と、他の職能団体に属さない有権者のみが投票でき、被選挙者が区議会議員に限られる「区議会（第二）枠」五議席〕からそれぞれ三五名の議員が選出される。地区別選挙区議員は四〇〇万人近い登録有権者から選ばれるものの、職能別選挙区議員は民主的に選ばれているとは到底言えない。職能別選挙区議員のほぼ全員が、同じ職能集団や特定利益集団内の小規模なグループによって、その集団の利益になるように選ばれているからだ。たとえば、不動産選挙区の議員は数百の不動産企業と建設会社によって選出され、法律選挙区や会計選挙区の議員も、資格を持つ法律家や会計士のみにより選出される。つまり、職能別選挙区議員たちは互いに足並みを揃《そろ》え、政府の命令に従って行政長官を選出する強力な集団を形成しているわけだ。言い換えれば、職能別選挙区があるために、行政機関は、立法会に対するほぼ一〇〇パーセントの支配権を手にしているのである。

こうしたことすべてを、ぼくは夏期休暇中の読書と、テレビゲームとタピオカティーをはさんでジャスティンと真夜中に交わした無数の本音の会話から学んだ。こんなに露骨に不正な制度が、これほど長い間人々の目をかいくぐって続けられてきたとは。それを知って、腹が立ち、やりきれない思いに苛《さいな》まれた。また、高齢者の貧困から、高騰する不動産価格、そして特定集団の利益を図る見返りに得られる支持を狙って歴史的建造物を破壊するという理不尽な再開発計画にまで至る香港の問題の原因は、みなひとつであることにも気がついた。すなわち、香港の無責任な政府とそれを作り出し推進めた不平等な選挙制度である。

政治的な目覚めを行動に移すのに時間はかからなかった。その冬の二〇一〇年一月に民主派の立法会議員が多数同時に辞任し、空席になった議席を埋めるための同時補欠選挙が五月に行なわれることになった。民主派の立法会議員が複数一度に辞任した理由は、その補欠選挙を実質的に選挙制度改革の住民投票に変えて、香港人に嫌われている職能別選挙区を廃止するよう政府にプレッシャーをかけるためだった。

選挙に先立ち、ぼくは生徒とその親に向けて、フェイスブックに載せる長い投稿文を作成した。とくに親たちに読んでもらいたかった理由は、ぼくら自身はまだ投票できる年齢に達していなかったたからだ。住民投票の目的が誰にでもはっきりわかるように、複雑な政治プロセスを平易な言葉でまとめ、その要点を抜き出して箇条書きにするのに何時間もかけた。また職能別選挙区をきっぱり廃止するために、なぜ香港人が一緒になって闘わなければならないのかを論理的に説いた。当時は誰もぼくのことを知らず、テーマ自体もとびきり魅力的なものとは言えなかったにもかかわらず、このフェイスブックの投稿に一〇〇〇以上の「いいね！」が付いたのには内心びっくりした。

結局のところ、政府は補欠選挙の結果を無視し、既存の制度をほんの少し調整しただけという期待外れの選挙制度改革法案を通過させたのだった。それは職能別選挙区の廃止には遠く及ばなかったものの、一三歳のぼくにとっては、政治的行動主義について学ぶ貴重な機会になった。その教訓とは、たとえどんなに一生懸命やったとしても、相手に無理やり注意を払わせなければ、政治権力者は耳など一切傾けない、というものである。

真の試練は、一四歳の誕生日を迎えたあとにやってきた。二〇一〇年一〇月、当時の行政長官、曽《そう》蔭権《いんけん》が、政権二期目における最後の施政方針演説を行なった。その演説によると香港政府は「徳育および国民教育」〔いわゆる「愛国教育」〕と名付けた必修科目を学校のカリキュラムに導入する予定だという。この新たな教科導入の目的は次の五項目だった。

1　道徳的資質の育成
2　肯定的かつ前向きな態度の育成
3　自己認識力の育成
4　思いやりと分別をもって相手を評価する態度の育成

5　アイデンティティを認識する力の育成

これらの目的は一見するとごくふつうに見えるが、この気紛《きまぐ》れな企ての裏には、もっとずっと邪悪な目的が潜んでいた。つまり、生徒も親も気づかないうちに、中国返還後の香港で育つ最初の世代を中国の型にはめ、共産党の行動規範を受け入れさせて、定着を図ろうとしたのだ。香港では「国民」と名の付く物事は、どんなものでも疑念を生じさせる。「国民教育」という名称には、共産党によるプロパガンダと洗脳の影がつきまとっている。それは、中国本土の生徒たちを何十年にもわたって支配し、今でも支配し続けている方策だ。もし何も手を打たなければ、この新たなカリキュラムは、香港中の全小学校で二〇一二年までに、そして全中等学校で二〇一三年までに導入されてしまう。二〇一一年に、四カ月間にわたって市民の意見を聞くということになってはいたが、現実的にこの「市民の意見」がまったくカリキュラムの修正に反映されないことはわかりきっていた。

「国民教育」はぼくにとって切実な問題だった。なぜならそれは、ぼくらの世代を意図的に狙い、直接影響を与えようとする政府主導の初めての政策だったからだ。ぼくはまさに、UCCの一般教養の授業で習ったばかりの「主な利害関係者《キー・ステイクホルダー》」の一人だったのである。失うものが最も大きい当事者たちが声を上げなかったら、いったい誰がそうするだろう?

予想通り、この四カ月の「意見聴取」期間に、民主派の立法会議員は——そして教員組合さえも——軽い不快感しか示さず、教育局に対して口頭でやんわり不支持を表明しただけだった。「ああした大人たちは、学校を出てからもう二〇〜三〇年も経ってる」とぼくはジャスティンに言った。「だから、教室で何が起きるかなんて、ちっとも気にしないんだ。でも、ぼくらは気にしなくちゃならない。そして、手遅れになる前に、教育を守らなくては」

ジャスティンの両親は息子の将来について異なる計画を抱いており、香港の将来を案じた彼らは、残りの学業を海外で続けさせたいと考えていた。それから一年以内にジャスティンは香港を後にし、ぼくは親友と政治のミューズを一度に失うことになる。

ジャスティンとは、彼がアメリカに旅立つまでよく一緒に過ごした。でも心の底では、ダークフォースと闘うには、新たなジェダイを見つけなければならないことがわかっていた。

白羽の矢を立てたのは、UCCの第四学年（一五～一六歳）にいたアイヴァン・ラム（林朗彦《りんろうけん》）だった。街頭デモでは同じ志を持つ生徒にたくさん出会って互いに連絡先を伝え合ったものだが、その一人がアイヴァンだったのだ。ジャスティンと同様、アイヴァンも早くから政治活動に参加していた。一六歳だった彼は美術の才能でも知られていて、UCCや他のところで、たびたびデザインコンテストに入賞していた。ぼくは彼のあとについて、さまざまな反政府抗議集会に出かけた。それには、香港返還記念日の七月一日に毎年行なわれる集会や、天安門事件の犠牲者を追悼する六月四日のキャンドル集会も含まれていた。このふたつの集会は、香港における市民社会活動の最大イベントで、それぞれ数千人の市民を集めていた。それでも当時は政治集会に生徒や学生が集まることはあまりなかったから、群衆の中で互いを見つけるのは簡単だった。とりわけ制服を着て出かけたときには。こうした街頭デモで出会った友人たちは、のちに反国民教育活動の最初のメンバーになり、その初期の活動に欠かせなかった必要最小限の人数《クリティカルマス》を満たしてくれることになる。

二〇一一年五月、アイヴァンとぼくはフェイスブックページを立ち上げ、グループ名を「学民思潮（スコラリズム）」と名付けた。「学民（スコラ）」の部分は、ぼくらが学生グループだったから。そして

「思潮（イズム）」は新たな思想を意味した（それに、重々しさも加えたかった）。

それからの数カ月、ぼくらはバナーを作り、ビラを印刷し、街頭にブースを出し、小規模な座り込みデモを行ない、そうしたことを一緒に行なってくれるさらに多くの学生ボランティアを集めた。この活動のすべての芸術面を担当したのはアイヴァンだった。しゃれた画像やインパクトのあるサウンドバイトは、オンラインで活動を広めるには欠かせない。学民思潮設立一周年の二〇一二年五月までには、結束の強い友人同士で始めたこのグループのフォロワーは一万人にまで増えていた。メンバーには、同い年のアグネス・チョウ（周庭《しゅうてい》）もいた。雄弁で、意志が強く、多言語に通じているアグネスは〔日本語も堪能で、二〇一九年一〇月に北海道大学公共政策大学院のフェローに就任している〕、やがて学民思潮のコアメンバーになって、唯一の女性スポークスパーソンの役目を担うことになる。

学民思潮の設立は、その前年にすでにやっていたことが自然に発展した結果だった。活動は食堂に関する請願のときにやったことと変わらなかったが、それでも今度は、当事者の数がもっと多く、ターゲットも若者世代全体だった。実際、自ら青年活動グループを率いることは、ぼくにとってあまりにも自然なことだったため、学民思潮の設立時には、両親に相談することさえしなかった。

学民思潮設立後の数カ月、ほぼ毎日ぼくは街頭で踏み台に立って演説を行ない、記者たちの取材に応じた。そんな折、ある取材において即興で行なった話がソーシャルメディアで拡散し、二週間のうちに一五万回視聴されて、ぼくは香港メディアのお馴染《なじ》みの顔になった。母はぼくに関する新聞記事のスクラップブックを作り、出演したラジオ番組も録音し始めた。「これは私たちの歴史の一部よ」と母はよく言ったものだ。「あなたは歴史を作っている」と。

でもそうしたことすべてが輝かしい名声に包まれていたわけではない。一八カ月というもの、ぼくはピーター・パーカーの人生を生きていた。このスパイダーマンの分身のように二重生活を送り、昼間は学校に通い、放課後は学校を飛び出して悪の勢力と闘っていたのだ。バスに乗って、金鐘《きんしょう》（アドミラルティ）にある香港政府庁舎（ロンドンの国会議事堂やワシントンDCの連邦議会議事堂に当たる）に出かけ、市民社会のリーダーや民主派の立法会議員たちと、国民教育カリキュラムの導入を阻止する方法を話し合っていた。同年配の生徒がカラオケや映画に行くなか、ぼくは学民思潮の次の行動戦略を立てながら、自分よりずっと年上の大人たちと集団抗議行動を組織していた。寄付金で工業ビル内に小さなオフィスも借り、そこを活動拠点にした。学校の重要な宿題が提出できず、試験さえ欠席するという悲惨な学期を過ごしたあげく、成績はクラス最下位に沈んだが、運よくUCCは活動を支援してくれ、ぎりぎりの合格点を付けてくれた。あるときには数学の教師にわきに呼ばれ、こう声をかけられたこともあった。「ぼくには君と同じぐらいの年頃の娘がいる。娘のために活動してくれてありがとう」

二〇一二年七月、ぼくらの反国民教育活動は激しさを増した。隠れた中国共産党員という噂のある叩き上げの富豪、梁振英《りょうしんえい》が、曽蔭権から行政長官を引き継いだのだ。梁が宣誓就任するやいなや、政府出資のシンクタンクが出版した指導の手引きが香港中の小学校と中等学校に配られた。手引きは中国共産党を「高度に発達した無私無欲の政権」と褒めたたえる一方で、アメリカ合衆国の「有害な二党政治」は「国民の苦悩」を引き起こしていると主張して、西側の民主主義を批判していた。この手引きは、共産党のプロパガンダに対する人々の疑念と恐怖が杞憂ではないことを裏付けることになった。

この衝撃的な出版物は市民社会を激昂《げっこう》させ、数日以内に一ダースほどの組織からなる新たな連合が形成された。それには、学民思潮や香港の大学生連合会である香港専上学生連会（HKFS）をはじめ、香港で最も著名な市民自由団体の民間人権陣線（CHRF）も加わっていた。七月二九日、ぼくはこの連合を率いて、一〇万人近くが参加した大規模な街頭デモを行なった。参加者の大部分は、生徒たちとその親だった。

これだけの人数が集まったにもかかわらず、梁振英政権は予想通り、頑として考えを変えなかった。梁振英は、当事者と話し合うのはやぶさかではないとは言ったものの、カリキュラムは計画通り導入すると繰り返したのだ。その晩、打ちひしがれ、怒りに燃えたアイヴァンが金鐘の演台に立ち、涙をこらえながら叫んだ。「話し合いなど必要ない。ぼくらは政治家と取り引きするために、ここまでやってきたわけじゃないんだ!」彼のスピーチから数時間もたたないうちに、新たに七〇〇名の生徒がボランティアとして学民思潮に加わった。

活動を始めて一五カ月ほど経った八月中旬、学民思潮は緊迫した空気に包まれた。一カ月後には新学年が始まる。それまでに止めなければ、新たなカリキュラムが導入されてしまう。ぼくはアイヴァンに言った。「抗議だけじゃ足りない、もっとギアを上げなきゃ」

それからの数週間、学民思潮のメンバーは香港の隅々に繰り出した。校門の外で抗議活動を強化し、街頭で署名運動を始めるためだ。一週間以内に状況を憂える生徒から集まった署名は一二万人分に達し、あらゆる年代の支援者が街頭のぼくらのブースに立ち寄り、ピザ、寿司、焼き菓子、飲み物などを差し入れて励ましてくれた。

新学期が数日後に迫ったとき、アイヴァンとぼくは、最後のチャンスを迎えていることを意識した。こうして八月三〇日、金鐘に出かけて政府庁舎前の前庭を占拠するよう、生徒たちに呼びかけたのである。ぼくらはそのオープンスペースに、象徴的で、しかもキャッチーな名前を付けた。「公民《シヴィック・》広場《スクエア》」と。

同日、アイヴァンと、あと二人の学民思潮メンバーがハンガーストライキを開始した。中等学校の生徒がそのような抗議をしたのは、香港始まって以来のことである。目的は、人々の共感を引き出すこと、そして抗議活動にさらに多くのマスコミを惹きつけることにあった。ぼくもハンストに加わりたかったのだが、アイヴァンに言われた。君は、自分が最も得意としていること、つまり報道関係者に話を伝えるためにエネルギーを温存しておくべきだと。

九月三日、三人の血糖値が危険なレベルにまで低下したため、医療班が中止を命令した。アイヴァンの唇は蒼白になり、意識は朦朧《もうろう》として、背筋を伸ばして座ることもままならなくなった。しかし、その期《ご》に及んでも、公民広場をわざわざ視察しようとする政府の役人は一人もいなかった。人目を惹くためのPR活動として、梁振英が公民広場に姿を現してデモ参加者と握手を交わしたものの、ハンストの現場は見ようともしなかった。

反国民教育活動はその週末に最高潮に達した。九月七日の金曜日、ぼくらは黒服に身を包んで政府庁舎の前で抗議集会を開くよう、生徒と親たちに呼びかけた。黒は喪服の色だ。ハンストと大々的なメディアキャンペーンのおかげで、仕事や学校を終えた一二万人を超える黒服の市民が続々と金鐘に集まり、学民思潮のデモ参加者との連帯を示した。それは警察の事前許可をとらずに行なった集会としては香港始まって以来最大のもので、中等学校の生徒が組織した集会の参加人数としても前代未聞だった。あまりにも参加人数が多かったため、抗議者は香港の金融街を貫く幹線高速道路のハーコートロードにまであふれていた。

その晩ぼくは、それまでしたなかで最も本格的なスピーチをした。両親、教会の長老たち、教師たち、そしてジャスティンから学んだことすべてが、その一瞬に収束した。何週間もテントで眠り取材に応じるという日々に疲れ果ててはいたが、ぼくを信じ、あてにしてくれている人々を落胆させるわけにはいかなかった。持てるすべてを出さなければならなかった。

「公民広場の座り込みが始まって以来、きょうで九日目になる」マイクを渡されるやいなや、ぼくは嗄《か》れた声で、こう始めた。ぼくはマイクこそ自分の武器だとみなしていた。いわば、映画『マイティ・ソー』のムジョルニア、『キャプテン・アメリカ』のヴィブラニウムの盾のようなものだ（何といっても、ぼくはまだ一五歳だった）。「われわれは歴史を築き、香港政府と北京政府に、市民の力を見せつけた。今夜彼らに伝えるべきメッセージはひとつ、ただひとつだけだ。梁振英、洗脳目的のカリキュラムを撤回せよ！」

群衆は歓声を上げ、ぼくの叫びは怒鳴り声になった。「もうこんな政権はうんざりだ。香港人は勝利する！」

翌日、梁振英は記者会見を開き、カリキュラムの導入を無期延期するという決定を発表した。ぼくらはこの声明を、過去一八カ月にわたり第二の拠点となってきた教員組合の会議室のテレビで見た。ちらつくテレビの画面の前で、親たちは泣き、生徒たちは歓声を上げ、活動家たちは固く抱き合った。ぼくはアイヴァンを見て言った。「勝ったな！」

大人たちはどこに？——雨傘運動

反国民教育活動は、ぼくらを政治のスターダムに押し上げ、学民思潮のメンバーは、政府に対する若き反逆者から誰もが知る有名人に、そして今や歴史を作る人物になった。中等学校の生徒たちがこれほどの規模の政治運動を率い、これほどの成功を手にしたのは前代未聞のことだった。UCCでは、教師たちがぼくとアイヴァンのところにやってきて手をとった。教会でもみんなが祝福してくれた。でもぼくには、自分がそうした称賛や注目に値するとは思えなかった。一人の力で成し遂げたのではないことがわかっていたからだ。そんなことは誰にだってできないだろう。「すばらしい」とか「よくやった」という賛辞が寄せられるたびに、ぼくはこう答えた。「勝利はみんなの力で成し遂げたものです。ぼくはただ真実を語ったにすぎません」

だが、ぼくはまた、自分の周囲に集まる陶酔感や興奮についても理解していた。香港人にとって政治的勝利は、滅多に咲かない謎めいた月下美人が花をつけるような極めて稀な出来事だ。香港において、最後に目に見える成果をもたらした大規模抗議活動は、一〇年近くも前の二〇〇三年に、香港の初代行政長官となった董建華《とうけんか》が強権的な政権運営を行なったときだった。国家安全条例の法制化を強行しようとした香港政府に反発して五〇万人が街頭デモを行ない、政府が撤回を余儀なくされたのである。苦闘の末に勝ち取られた勝利は人々の精神を鼓舞し、香港人としての集団的アイデンティティを強めることになった。

その九年後、国民教育カリキュラムを無期延期にさせたことは、香港に同じ影響をもたらした。それは、自由を愛する市民にとってカンフル剤となり、悪しき政策が政府から押し付けられたときに、犬のように転がって死んだふりをしなくてもよいことを思い出させたのだった。人々が共に行動すれば、真の変化を起こすことは可能であると。

しかし、陶酔感に包まれたとはいえ、人々は勝利に酔うべきではないことを知っていた。香港は依然として民主主義なき自由都市に留まっていた。香港市民は抗議する権利はあっても、政府を選ぶことはできない。政治制度が変わらない以上、次の危険な政府の企てが勃発するのは時間の問題だ。そして次のときには、市民が立場を堅持できるかどうかはわからない。だから、香港に普通選挙をもたらすという究極の目標に狙いを定める必要があった。反国民教育活動の成功について祝福の言葉をかけられるたび、ぼくは同じ答えを返した。戦闘には勝ったかもしれないが、戦争はまだ終わっていないと。謙虚な姿勢をとっていたわけではない。それは厳然たる真実だった。

香港人は現実的だ。起こるかどうかもわからず、ましてや短期的な利益が得られるかどうかもわからない選挙制度改革のような政治的「たわ言」に気を揉《も》むような人はほとんどいない。よく香港人にはふたつのタイプがあると言われる。つまり、政治に無関心な人たちと、無関心ではないが何もしようとしない人たちだ。だが、大人たちが失敗したところでは、若者たちが大義を引き継ぐ。反国民教育活動から得られた教訓があるとしたら、それは生徒や学生にも大人の問題に関する発言権があるということだ。政治はもはや、白髪頭の政治家や終身雇用の官僚たちだけの娯楽ではなくなったのだ。

二〇一二年に、道端で普通選挙制とは何かと訊いたとしたら、即答できた人は、ほとんどいなかっただろう。そして、北京の政府がかつて香港に対し、近いうちに自らの行政長官と立法会の議員全員を選ぶ権利を与えると約束していた事実について答えた人は、もっと少なかったに違いない。大部分の香港人は知らなかったが、ほぼ忘れ去られてしまっていた政治公約があったのだ。やがてこの公約を基に、本格的な民衆蜂起が起こることになる。

この公約がどうして生まれたかを知るには、中華人民共和国香港特別行政区が生まれた初期の日々に遡る必要がある。

移譲後の一〇年間は、まさに壊滅的としか言えない状況だった。一九九七年に起きた中国統治への移行はスムーズに行なわれたとはいえ、この新たに創設された特別区は、アジア通貨危機、生命を脅かす伝染病の大流行、そして無能な政府のせいで、すぐにほころびを見せ始めた。

一九九七年に壊滅的な通貨危機が東アジアと東南アジアを襲ったとき、ぼくはまだ赤ん坊だった。これらの地域が危機から立ち直るには何年もかかったが、香港では、まだ危機からの回復途上にあった二〇〇三年にSARS《サーズ》（重症急性呼吸器症候群）が流行して三〇〇人近くの命を奪い、経済に大打撃を与えた。ぼくはその夏、点心を食べに両親と行った料理店が、いつもは大繁盛しているのに、ガラガラだったことを覚えている。それはまるで世界の終末が訪れた後を描いたSF映画の一場面のようだった。

事態はさらに悪化した。董建華の的外れな住宅政策のせいで不動産バブルの崩壊と多くの住宅差し押さえが起こり、自殺率は過去最高に上った。そのあとにやってきたのが、物議を醸した国家安全条例案だ。国家安全条例の制定は基本法に義務づけられていたものの、まだ法制化はされていなかった。そこで政府は、扇動罪、国家分裂罪、反逆罪などを新設して長期の刑罰を科すことにより、国家安全保障に対する脅威とみなした市民を逮捕し政治団体を禁止する強大な権限を手に入れようとしたのである。これが、香港市民の堪忍袋の緒を切らせた。こうして七月一日の返還記念日集会に、怒りに燃えた過去最高の五〇万もの市民が集結し、ヘネシーロードをデモ行進して政府の責任説明と政治改革を訴えたのだった。

ぼくはデモ行進に参加するには幼すぎたが、両親は出かけていった。母に参加した理由を尋ねたら、こんな答えが返ってきた。「この案が通ってしまったら、政府はどんな家でも好きなように調べて、みんなの持ち物まで持っていけるようになってしまうのよ。テレビゲームを全部持っていかれたらいやでしょう？」

それからの数年間、返還記念日が来るたびに、香港の民主化を要求する声は大きくなっていった。返還記念日は、中国の統治下に戻ってから、香港の自由が徐々に衰退していることを毎年思い出させる機会になった。こうして北京の最高幹部は、香港が手に負えなくなる前に市民の怒りを鎮める必要にかられたのである。二〇〇七年、中国の最高立法機関である全国人民代表大会（略称、全人代）の常務委員会が応急措置を打ち出した。二〇一七年までに行政長官を、そして二〇二〇年までに立法会の全議員を自由に選ぶ権利を香港の市民に与えると約束したのだ。これは、香港人が歴史上初めて、自分たちのリーダーと民主的な代表者を選べるようになることを意味した。

もし約束が守られていれば、これは香港民主化への唯一最大の前進になるはずだった。基本法は普通選挙を「最終的な目標」と謳《うた》ってはいるが、この目標がいつ、どのようにして達成されるかについては一切触れていない。二〇〇七年の約束は、少なくとも「いつ」について答えを出したものだった。一方、「どのようにして」という問題は、民主派陣営にいる者たちを不安にさせた。しかし、香港人の記憶は長続きせず、集中力はさらに短い。国民教育の一件が二〇一二年に問題になったとき、大部分の香港人は全人代の約束をすっかり忘れてしまっていた。SARSですら、大昔の出来事になっていたのだ。

選挙制度改革の詳細を詰める必要性と緊急性を最初に認識したのは、高名な憲法専門家の戴耀廷《たいようてい》

（ベニー・タイ）副教授だった。ぼくが初めて戴副教授に出会ったのは、二〇一二年の反国民教育活動のさなかである。学者としての支援を示すために、ぼくらの抗議活動に何度も足を運んでくれたのだ。その際にはあまり親しくなることはなかったが、遠からずまた出会うことになるだろうと強く感じたのを覚えている。

二〇一三年の末、すなわち二〇〇七年になされた公約の最初の一部が実現するはずだった二〇一七年を遡ること四年前、香港政府は、二〇一七年に行なわれる行政長官選の進め方に関する一回目の広聴活動について告知を行なった（原注　結果的に二〇一七年三月二六日、北京の息のかかった候補者、林鄭《りんてい》月娥《げつが》［キャリー・ラム］が、現行の非常に制限された選挙制度のもとで行政長官に選出された）。その翌年の二〇一四年の春、戴副教授、社会学者の陳健民《ちんけんみん》副教授、およびキリスト教バプテスト派牧師の朱耀明《しゅようめい》氏が、市民の声に政府が耳を傾けないなら市民的不服従運動（良心にもとづき従うことができないと考えた特定の法律や命令に、非暴力的手段で公然と違反する行為）を起こすと表明した。彼らはこの運動を「オキュパイ・セントラル・ウィズ・ラブ・アンド・ピース（愛情を込め平和的にセントラル〔中環〕を占拠せよ）」（ＯＣＬＰ）と名付けた。

このいわゆる「中環占拠トリオ」は市民に対し、北京政府が公約を破棄したり、候補者の事前選別を行なって選挙を妨害したり、理不尽な推薦基準を導入したりするようなことがあれば、香港金融街の心臓部で大規模な座り込みデモを行なうよう提案したのだ。この非暴力抗議活動が実行されれば、香港ＤＮＡのまさに生き血であるビジネス活動が麻痺《まひ》することになる。この脅しに信憑《しんぴょう》性を持たせるため、中環占拠トリオは抗議活動の場所と日付まで指定した――於チャーター・ガーデン（遮打花園）、一〇月一日。推定参加者数三〇〇〇人。

学民思潮の仲間とともに、ぼくは多大な関心を抱いて一連の出来事の展開を注視していた。普通選挙があらゆる社会問題に対する答えになるのなら、ぼくら学生もこの解決手段に加わりたかったからだ。戴副教授とぼくは、大手メディアの取材に共に姿を現し、普通選挙を勝ち取るための今後数カ月にわたる闘いについて協議した。

二〇一四年の六月に入ると、中環占拠トリオは一〇日間にわたる非公式な住民投票を組織し、二〇一七年の行政長官選挙実施における三通りの選択肢を市民に提示して意向を尋ねた。そのうち最も急進的な選択肢は、公約された普通選挙に少しでも近づけるという望みのもとに、学民思潮と香港専上学生連会が共同で提案したものだった。これは「シヴィル・ノミネーション（公民提名）」と呼ばれる方法を提案した唯一の選択肢で、北京政府からの事前選別を回避するために、市民個人が候補者を推薦できるようにするものである。二〇一三年に公聴会が始まったとき、真っ先にシヴィル・ノミネーションを提案したぼくは、それ以降、最も声高にこの方法を推奨してきた。この世論調査にはじつに、全香港人の九人に一人に当たる八〇万人近くの市民が参加し、大学のキャンパスに設置された投票箱に足を運ぶか、スマートフォンのアプリを使うかして票を投じた。

とはいえ、市民社会がシヴィル・ノミネーションや他の望ましい方法について話すことはできても、結局のところこの一件を牛耳ったのは北京政府だった。八月三一日、全人代は、自ら決めた最終的な行政長官選の方針を通知してきた。それによると、行政長官候補者の数は「二人か三人のみ」に制限し、各候補者はそれぞれ一二〇〇名からなる指名委員会に推薦されることが必要だという。これでは実質的に、それまでに行なわれてきた行政長官選挙の方法とほとんど変わらない。北京政府は、一見すると普通選挙のように見える方法を示しながら、実際にはまったくその権利を与えないという方策を編み出したのである。

ぼくは賃貸オフィスの中で学民思潮のメンバーと共に、選挙の方針に関するこの八月三一日の発表を見ていた。こみあげてきたのは、不信感と嫌悪感だった。「だから、中国共産党は信じるなって、いつも両親が言っているんだ」ぼくはアグネスに言った。まるで誰かに腹を蹴られたような気がした。一二〇〇回も。

発表のあと、目に涙をためた戴副教授が、急ごしらえの記者会見の場に姿を現した。「きょうは、香港民主化にとって最悪の日になりました。北京政府との協議は袋小路に突き当たりました」副教授は支援者に対し、一〇月一日の中環占拠活動の決行を余儀なくされたと伝えた。

戴副教授の気持ちは落胆だったかもしれないが、ぼくは怒りで爆発しそうだった。香港の人々は七年間も無駄に待たされたのだ。北京版の選挙改革は、約束不履行どころか、香港の人々の知性を侮辱していた。八月三一日に示された選挙の方針は香港人に対する露骨な愚弄だ。あまりにもひどく、あまりにも悲しい仕打ちだった。

では、何をしたらよいのか？

何らかの行動に訴えたいと思ったのは、ぼく一人だけでないことはわかっていた。二年前の反国民教育活動の経験で力を得て勢いづいていた生徒と学生は、全人代が落とした爆弾に対する怒りに押されて最初に行動を起こしたグループのひとつだ。中環占拠トリオが一〇月一日の活動に向けてリハーサルやワークショップの開催にいそしむなか、学民思潮をはじめとする生徒と学生のグループは、自分たちの手で事を起こすべきだと感じていた。こうして、大人たちが行動を起こすのを待つかわりに、最初の一撃を下し、一連の出来事を引き起こして、歴史を変えることになったのである。

全人代の発表から二週間ほど経った九月一三日、ぼくは金鐘の政府庁舎を取り囲む大規模デモで学民思潮を率いていた。参加者には、ぼくらの大義との連帯を示すために、黄色いリボンを身に着けるよう呼びかけた。

その翌週、アレックス・チョウ（周永康《しゅうえいこう》）、レスター・シャム（岑敖暉《しんごうき》）、ネイサン・ロー（羅冠聡《らかんそう》）が率いる香港専上学生連会が、香港にある八つの大学すべてにおいて五日間にわたり授業をボイコットするという声明を発表し、あちこちのキャンパスで大規模な学生集会を催した。参加人数を増やすため、香港専上学生連会はその後、キャンパスでのデモ集会を金鐘に移動させて、ぼくらのデモに合流した。同じく学民思潮のほうでも、香港専上学生連会の香港全域の大学に及ぶ授業ボイコットを、香港全域の中等学校に広げた。九月の末には、学民思潮と香港専上学生連会はタイアップして、金鐘で毎日座り込み集会を催すようになり、参加者の数も一万人を超えた。

事態が動いたのは九月二六日の金曜日だった。午後に開いた学民思潮と香港専上学生連会の会議で、ネイサンがしばらくみんなの念頭にあった懸念を口にしたのだ。「政府はぼくらのバナーやスローガンには慣れてしまっている。戦術の拡大が必要だ」そのときぼくらは円陣を組んで、公民広場の外に急ごしらえしたステージの裏に座っていた。ほんの二年前、ぼくが人生最高のスピーチをした場所であるこの公民広場は、すでにその名でよく知られるようになっていた。

公民広場はその数週間にわたり、市民の安全を図るという名目で警察が高さ三メートルのフェンスで囲んだため、威圧的な要塞のような様相を呈していた。広場を囲むそのフェンスを見つめたとき、ぼくにある考えが浮かんだ。「今夜、公民広場を奪還しよう」

日没までには一万人近くの市民が政府庁舎の周囲に集まっていた。そうした状況は過去二週間連日続いており、学生活動家が順番にステージに上がって、普通選挙の要求にただちに応えるよう政府に求める熱いスピーチを何時間も続けた。午後一〇時半ごろ、ネイサンからマイクを引き継いだぼくは、公民広場を占拠するよう呼びかけた。するとただちに数百人のデモ参加者が応じてフェンスに殺到し、フェンスを乗り越えて広場内部に入り始めた。しかし数分も経たないうちに警察隊が到着し、胡椒《こしょう》スプレーを噴射して制圧を始めた。ぼくはフェンスを登り始めたとき、どこからともなく現れた警察に引きずり降ろされ、その場で逮捕されてしまった。八人の警官に両腕と両脚をつかまれて空中に吊り上げられ、群衆をかきわけて警察車両に運ばれるなか、メガネが外れ、片方のスニーカーが脱げ落ちた。何も見えず、足を蹴って叫んだが、どこにいるのかもわからなかった。その翌日には、アレックスとレスターも逮捕されて拘留された。

逮捕されたのはそれが初めてだった。そのときぼくは一七歳。近くの警察本部の留置場に拘留され、四六時間、外の世界から遮断された。狭い監房には窓がなく、ベンチを除けば家具もなかった。丸二日間、生の水道水〔香港では、水道水は煮沸して飲む〕と食べものとは思えない食事を与えられ、ほとんど眠ることもできなかった。メガネがないのでよく見えず、スニーカーも片方しかなかったから、取り調べのために部屋から部屋へ引き回されたときには、普通に歩くことさえできなかった。ものすごい数の警官が調書をとる許可と、取り調べ撮影の許可を求めてきたが、どう答えたらよいかわからなかったので、犯罪映画の容疑者がするようにおし黙っていた。そんな折、看守の一人がぼくをあざ笑って言った。「学校でおとなしくしていることもできたのに、お前は進んでトラブルメーカーになった。こんなことをするために、アメリカ人からどれだけ金をもらったんだ？」ぼくは孤独で、無力で、何より激しい罪悪感に苛まれた。息子に何が起きたのかわからずに、両親がどれほど心配しているだろうかと思うと、いてもたってもいられなかった。

保釈されたのは、九月二九日の早朝だった。自宅で長いシャワーを浴びたあと、拘留中に起きていたことを知るためにテレビをつけた。政府庁舎の周囲で機動隊が催涙ガスを放ち、無防備なデモ参加者たちが、傘、雨よけポンチョ、食品用ラップや家庭用品を使って胡椒スプレーや催涙ガスから身を守っている劇的な情景を目にしたときには啞然《あぜん》とした。「これはぼくの知ってる香港じゃない」同じシーンが二四時間ニュースチャンネルで繰り返し放映されるなか、ぼくは首を横に振りながらそう思った。

だが、九月二八日の催涙ガスによる弾圧が、ついに大人たちに行動をとらせる刺激になった。同日の夜、戴副教授が金鐘の演台に上り、数週間前にすべきだった宣言を行なったのである。「中環占拠を公式に始める！」これが、外国の報道機関に「雨傘革命」と命名された七九日間にわたる占拠運動の発端だった。

この運動は、社会的な文脈なしに突然生じたわけではない。約束された選挙制度改革の不履行とその後の警察による弾圧は、社会不安を促進しはしたものの、その原因だったわけではなかった。一般市民の怒りをついに爆発させたのは、所得格差や階級間の移動のしにくさといった不平等に対して数十年のあいだに積もり積もった欲求不満だ。キング牧師が語った有名な言葉がある「自由は、圧制者から自発的に与えられることは決してない。虐げられている者が要求しなくてはならないのだ」雨傘運動は、政府当局に要求を聞かせるための香港人なりのやり方だった。

雨傘運動は香港に脚光を浴びせただけでなく、香港人が持つ最上の資質を引き出すことにもなった。どこを見てもあらゆる年齢層や職業の市民が、食事、水、医薬品を無償でデモ参加者に配っていた。会社員は昼休みに寄付金を携えて現れ、親や退職者たちは、交代で備品の管理をしていた。生徒や学生は、学校では決して学べない社会勉強を市民から教わっていた。金鐘（アドミラルティ）、旺角《おうかく》（モンコック）、銅鑼湾《どらわん》（コーズウェイベイ）の三つの主要拠点に集まったデモ参加者の数は、反国民教育活動時の一〇倍以上になった。運動のシンボルとなった黄色い傘は、非暴力抗議者の謙虚さと人間愛を表していた。

中華人民共和国の国慶節〔建国記念日〕である一〇月一日、ぼくは長期にわたる闘いに備えて、テントと毛布を持ち込むよう支援者に呼び掛けた。ほどなくしてハーコートロード上にテント村が出現し、デモ参加者は世界最大規模の戸外泊を始めた。自立したコミュニティを支えるための配給所や医療センターも、そこここに自発的に生まれた。とりわけぼくが感銘を受けたのは、寄付された大テントや家具で作られた急ごしらえの図書館だ。そこでは、まだ制服を着こんだままの大勢の中等学校の生徒たちが、ボランティア家庭教師の指導を受けながら本を読んだり宿題をしたりしていた。「これってすごいと思ってるでしょ?」とアグネスがぼくに訊いた。「でも、女性トイレはもっとすごいのよ。デパートより充実したスキンケア製品や化粧品が揃ってる。しかも全部タダよ!」西側の報道は、ぼくらのことを世界で最も礼儀正しいデモ隊だと言った。だが、ぼくに言わせれば、ぼくらは世界で最も工夫の才に富み、クリエイティブで規律を守るデモ隊だった。

とはいえ、中国に逆らうことは、お祭り騒ぎとはわけが違う。催涙ガスによる弾圧を厳しく批判された法執行機関は手出しを控えていたものの、数日もしないうちに、雇われた暴力団員たちが抗議デモの現場に姿を現し始めた。とりわけヴィクトリア湾の反対側にある、荒っぽい労働者階級の飛び地である旺角では事態が緊迫した。暴力事件、はては性的暴行事件までがオンラインのニュースサイトをにぎわし始め、デモ参加者に身の安全の不安を抱かせた。「今、母から電話があって、すぐ帰ってくるようにって懇願されたわ。暴力団はデモ隊だけじゃなくて、その親たちまで脅そうとしている!」アグネスが言った。

ある朝ぼくは、学民思潮と香港専上学生連会の拠点になっていたティム・メイ・アヴェニューのテントで、びしょぬれになって目を覚ました。寝ているうちに誰かがテントの中に忍び込み、水の入ったボトルをナイフで切り裂いたのだ。悪ふざけの可能性はなかった。誰もそんなことをする気分ではなかったから。

肉体的な暴力や脅しには、言葉による脅迫も加わった。九月の授業ボイコット以来、学生や生徒たちは外国政府の支援を受けて抗議を行なっているという非難が、しきりに中国政府系メディアで流された。香港の親中派政治家も、テレビやラジオのトークショーに出演し、ぼくらがＣＩＡ〔アメリカの中央情報局〕とＭＩ６〔英国の秘密情報部〕の活動に加担しているという陰謀説をでっちあげ、アレックス、ネイサン、そしてぼくを名指しで中傷した。一般市民でさえ、このいわゆる「白色テロ」には無関心でいられなかった。多くの企業も北京政府の逆鱗《げきりん》に触れるのを恐れて、社員が抗議ゾーンに出向いたりソーシャルメディアでデモ参加者を応援したりすることを禁じた。

抗議活動が長びくにつれ、生徒・学生活動家、中環占拠トリオ、そして年季の入った民主派政治家の緩い結びつきに亀裂が生じ始めた。概してリーダーがいなかったこの抗議活動（中環占拠トリオやぼくのような生徒・学生活動家は運動の顔になってはいたが、指揮官のようなものではなかった）の課題は、複数の利害関係者のコンセンサスを得ることが、不可能とは言わずとも往々にして困難なことだった。何の決断も下されず、何の行動もとられないまま、数週間が過ぎ去った。一〇月下旬に生徒・学生活動家と政府高官との対話がテレビで放映され、結局何の解決策ももたらさなかったことを別にすれば、どの陣営もまったく動こうとはせず、デモ隊は前線に出て警察を押し戻し、キャンプに戻って宿題と食事をするという日々を繰り返していた。デモ区域はデモ隊を外の世界から隔絶する泡の内部のようになった。こうして秋の肌寒さが忍び寄るにつれ、活動は選挙制度改革という本来の目標からどんどん遠ざかっていったのである。

やがて事態が進まないことに業を煮やし、自らを「本土派（ローカリスト）」〔香港独立を志向するグループ〕

と呼ぶ複数の分裂派が合併し始めた。彼らはとりわけ金鐘の「クンバヤ」的な雰囲気に苛立《いらだ》っており〔「クンバヤ」はキャンプファイヤや平和な公民権活動集会でよく歌われる黒人霊歌〕、政府に対してと同じくらいぼくらの連合を見下していた。政府庁舎に乱入するという彼らの企ては穏健派に属す抗議者たちによって挫折させられたものの、そのことはさらに不協和音を増大させた。抗議活動が社会をいわゆる「黄リボン派」(親デモ隊)と「青リボン派」(親警察、親政府派)に二分したように、抗議活動自体も穏健派と急進派に二分されていたのだ。こうした状況は、梁振英と彼の北京のボスにとっては、まさに思うつぼだった。彼らは抗議活動の消耗戦が分裂と内輪もめを引き起こして活動を劣化させ、最終的に自滅することを期待していたのである。

そして、それこそ実際に起きたことだった。最初の催涙ガスが発射されてから二カ月経った一一月中旬、商業活動が妨害されているという理由で占拠者たちを訴えた親中派の業界団体の申し立てを認めた裁判所が、デモ区域からの立ち退《の》き命令を下したのだ。裁判所の執行官と撤去作業員が、警察官や、さらには暴力団の助けまで借りて、バリケードやテントの撤去作業を開始した。それに対して、デモ参加者はたいした抵抗はしなかった。ひとつには、警察や司法に逆らいたくなかったからだが、もうひとつには、抗議活動はいずれ終息するとわかっていたからだった。

それでも、一部の抗議者はまだあきらめようとはしなかった。一一月二六日、レスター・シャムとぼくは、デモ区域からの強制撤退という裁判所の命令に背いた理由で、他の活動家とともに旺角で逮捕された。警察官に連行されながら、ぼくは「なぜこんなことをするんだ? ぼくらはあなたと、あなたの子供たちのためにも闘っているのに!」と叫んだ。それはぼくにとって二度目の逮捕で、留置場の監房で三〇時間過ごしたあと、裁判官の前に引き出され、法廷侮辱罪で起訴された。

それから数日間のうちに、デモ区域は次々と掘削機とダンプカーに屈していった。そして一二月一五日、執行官が銅鑼湾にあった最後のデモ拠点を強制撤去し、生徒と学生が率いた七九日にわたる道路占拠を終わらせた。目的としていた政治的結果はもたらされなかったが、この活動が人々に政治的覚醒と市民参加意識の高まりをもたらしたことに議論の余地はない。

パラダイムシフトとなった雨傘運動は、香港の政治的展望を塗り替え、現在も塗り替え続けている。それは国家と市民、圧制者と抑圧された者との関係を永遠に変えることになった。二〇一二年の反国民教育活動と同じように、雨傘運動もまた、香港人、とりわけぼくの世代の若者に、中国共産党に挑む新たな自信をもたらしたのである。

ぼくが雨傘運動から得た最大の教訓は、成功や失敗とはまったく関係のないことだ。どんなに手厳しい批評家でも、雨傘運動は香港初の民衆蜂起であり、参考にできる前例もなければ、頼れるマニュアルもなかったという事実は認めるだろう。そんな状況のなか、ぼくらはできるかぎりのことをやった。

重要なのは、この社会変革的な経験を踏まえて次に何をするかだった。運動自体は、最後のデモ区域の解体と共に終わったとしても、その遺産と精神は生き続ける。そうあらねばならなかった。ぼくらの闘いはまだ始まったばかりだったのだから。挫折を新たな決意と動機に変え、互いに対する信頼と敬意の念を再構築する必要があった。

二〇一一年にニューヨークで起きた「ウォール街を占拠せよ」活動のさなか、スロヴェニアの哲学者スラヴォイ・ジジェクが、ズコッティ公園に集まった群衆に向けて演説を行なった。

私たちが必要としているのは忍耐だ。私が唯一恐れているのは、やがてみな家に帰り、一年に一回会ってビールを飲みながら、ここで過ごした楽しいときをノスタルジックに思い出すというようなことだ。そうならないと自分に約束してほしい。人はしばしば、何かを渇望していても、手に入れるのをためらうことがある。自分が渇望していることを、ためらわないで手に入れよう。

今こそ、このファイティングスピリットを活かすべきときだ。

抗議者から政治家へ――香港衆志《デモシスト》の創立

ぼくは、雨傘運動のきっかけとなった一連の大規模抗議集会を組織した学生活動家、そして、雨傘運動との関わりにおいて逮捕された最初の活動家の一人だ。一〇代の革命家という役割は国際社会の注目を集め、世界中の若き活動家の手本になった。反国民教育活動はぼくを香港で有名にしたが、雨傘運動は中国に抵抗する若き活動家のシンボルとして、ぼくを世界的有名人にした。

二〇一四年一〇月、ぼくの顔は、「抗議の顔」という見出しとともに『タイム』誌国際版の表紙を飾った。その同じ月には『ニューヨークタイムズ』紙に、「香港の将来を奪還するために」と題した同紙におけるぼくの最初の論説が掲載された。そのころまでには、世界中のあらゆる報道機関がハーコートロードのデモ区域に押し寄せて取材を申し込んでくるようになっていた。さらには、英国『タイムズ』紙で二〇一四年の「今年の若者」に選ばれ、『フォーチュン』誌でも「世界の最も偉大な五〇人のリーダー」の一〇位に選出された。「『タイム』誌の表紙に載ることがわかってたら、髪を切っておいたんだけどね」ぼくは両親にそう言ってふざけた。

だが実を言えば、自分から有名になろうとしたことなど一度としてなかったし、ぼくがしたことは有名になるためにしたことではなかった。圧倒的なメディアの関心には恐縮し、当惑させられたこともよくあった。だがそれと同じくらい、この機会を利用して民主化闘争の政治的な強みにしたいという気持ちも強かった。二〇一五年、雨傘運動が終息したのち最初に開かれた学民思潮のミーティングで、ぼくは部屋を埋め尽くした活動家たちにこう話した。「最近の出来事は多くの香港人を覚醒させた。ぼくらは今、この新たなエネルギーのすべてを票に変えなければならない」雨傘運動は重要な教訓を数多く与えてくれた。そのひとつは、街頭で闘うだけでは不十分だということだ。政治制度は内部から変えなければならない。そしてぼくらは、若者を立法会に送ることによって、それを果たすつもりだった。政府側のゲームのルールにのっとって彼らを打ち負かすために。

そうするには、学生や生徒たちだけでなく（ちなみにぼくは、その少し前に中等学校を卒業し、香港公開大学の一年生になっていた）、ぼくらとは異なる優先事項や懸念に押されて行動を起こす大人の有権者にも訴えられる新たな足場が必要だった。

最後のデモ区域が撤去されてから一七カ月経った二〇一六年四月、ぼくらは学民思潮を改編して、若者の政党「香港衆志」（デモシスト）を立ち上げた。「デモシスト」とは、ギリシア語の「民衆」とラテン語の「我は立つ」からなる混成語だ。

香港衆志の旗揚げは、順調とはとても言いがたかった。記者会見はマイクの故障のために数時間遅れ、ユーチューブのライブストリーミングもあまりにも頻繁に中断したため、視聴者の数が数百人から二〇人未満にまで落ち込む瞬間もあった。ぼくらに批判的だった本土派のグループは、「デモシスト」という新たな名称をからかい（「デモリション［破滅］」に聞こえると揶揄《やゆ》した）、おべっか使いの政治家になるための裏切り行為だとぼくらを批判した。だがネイサンはこの困難な記者会見のあと、民主主義とは議論を積み重ねて築き上げるものであることを、ぼくに思い出させてくれた。そうした議論の目的のひとつは、自分たちを嫌う人々を味方につけることだ。それを思い出したあとは、ずっと気分がよくなった。

香港衆志がようやく世に出るとすぐ、ぼくらは五カ月後に迫った二〇一六年の立法会選挙の準備に没頭した。そしてネイサン・ロー（羅冠聡）を党の候補者に立てることが党内一致で決まった。それはネイサンが立候補できる年齢に達していたからだけでなく（アグネスとぼくは、二一歳以上という候補者の資格を満たすのに、まだ一年以上足りなかった）、気質、落ち着き、世間の注目度という、党の候補者に望ましい資質を完璧に兼ね備えていたからだ。

党のメンバーは、「自決権」という政治綱領を掲げて選挙戦を行なうことで一致した。基本法のもとでは、一国二制度という枠組みは（ゆえに香港の半自治体制も）二〇四七年に満了することになっている。そしてその時点で香港人は、住民投票という手段を通じて自ら運命を決める権利を与えられるべきだとぼくらは考えたのだ。香港返還時には、英国と中国が、当事者の香港人を討議に加えることなく香港の将来を決めてしまっていた。

自決権は国際法において確立された概念であり、国連でも「市民的及び政治的権利に関する国際規約」（国際人権規約）において認められている人権だ。だがこれは香港には新しい概念で、とりわけ親中派にとっては馴染みのないものだった。親中派は、中国からの独立やカラー革命〔旧ソ連や中東諸国で起きた民主化運動の総称。ここではアメリカ（CIA）主導の政権交代を意味する〕を提唱しているとして、しばしば不当に香港衆志を糾弾していた。

選挙活動はどんな政党にとっても楽な仕事ではないが、とりわけ活動資源に乏しく、学生連合という不人気なイメージがつきまとう香港衆志にとっては過酷な重労働だった。潤沢な資金を持つ親中派の党とは異なり、香港衆志の資金源は、完全にクラウドファンディングと街頭活動で集めた有志からの献金だけに依っていた。ネイサンの「隣の若者」的なとっつきやすい魅力にもかかわらず、彼の推定得票率は選挙の月になっても一～三パーセントというみじめなレベルで低迷していた。「なんでこんなに低いんだ？」毎朝ニュースをチェックするたびに、ぼくらは信じられないという面持ちで言い交わしたものだ。

こうしてぼくらは、好感度は必ずしも得票率に結び付かないことを思い知らされたのだった。ネイサンの選挙区である香港島では、それはとりわけ当てはまった。香港島の有権者の大部分は高学歴の専門職やビジネス界の裕福なエリートで、そうした人たちの多くは、ほぼ必ずと言ってよいほど自由より安定を、そして道義より利益を選ぶ。

ライバルに比して、ネイサンの若さはハンディキャップであり、雨傘運動における彼の指導的役割は、抗議活動にうんざりしていた中産階級にとって嫌気を抱かせるに十分な原罪だった。「ぼくらは持てる資金をすべてこの選挙活動につぎ込んでしまった。もし負けたら、資金がゼロになってしまう」一カ月後に迫る選挙のカウントダウンが始まった日、ネイサンはこう打ち明けた。

スーパーヒーローが出てくる映画では、最悪の事態に至ったときに息を吹き返して土壇場で勝利を収めるというのがお約束だ。ぼくらの場合、そのターニングポイントは、投票日まで三週間を切り、友好的な報道機関でさえぼくらを見限った時点に訪れた。ネイサンの推定得票率が、一連のテレビ討論で見せた見事な議論によって上がり始めたのだ。雨傘運動で大きな役割を果たしたアンソニー・ウォン（黄秋生《こうしゅうせい》）やデニス・ホー（何韻詩《かいんし》）といった、香港の映画界やポップス界における「黄リボン派」のセレブたちもネイサンを後押ししてくれた。香港衆志のチーフメディア担当係アイヴァン・ラムが手掛けるインスタグラムのライブ配信やバーチャルリアリティ動画などの独創的なマーケティング活動も、ソーシャルメディアで旋風を引き起こした。選挙日までの最後の一カ月、香港衆志の党員は毎日、真夜中を過ぎるまで街頭に繰り出してパンフレットを配り、有権者に挨拶し続けた。ぼくらは香港で最も精魂込めて活動した政党だった。「あなたたちは雨傘運動のときより、もっと活発に活動しているわ。つまり、ものすごくってことよ！」母はこんなふうに言って、毎晩夜遅くまで仲間の党員と戦略を練るぼくを心配した。それでも、ぼくらは歯をくいしばって先に進んだ。勤勉はあらゆる欠点を補う、という例の中国の格言は、そのときもぼくを前に推し進めていた。

投票所が閉まり、票の集計が終わった九月四日の真夜中を少し回ったころ、結果が発表された。二三歳のネイサンは五万以上の票を集め、選挙で選ばれたアジア史上最も若い議員になったのだった。開票所にいたすべての香港衆志党員はうれし涙にくれた。ぼくらの中で最も冷静沈着なアグネスでさえ涙を浮かべていた。散らかった活動拠点で眠りをむさぼり、焼きつける太陽のもと、街頭に日々立ち続けた過酷な五カ月間の努力がついに報われた瞬間だった。ぼくは涙をぬぐい、ネイサンを強く抱きしめて「やり遂げたね！」とねぎらった。

香港唯一の学生議員であるネイサンは、明確な負託を抱えて立法会に足を踏み入れ、教育改革、若年層の雇用、住宅政策に力を注ごうとしていた。じつは、熱心なゲーマーでセミプロのeスポーツ解説者でもある彼は、香港を国際テレビゲーム大会の中心地にしたいとも思っていたのだが、これは政治目標というより長年温めてきた企画だと個人的に明かした。

「宣誓《オース》ゲート事件（宣誓問題）」と名付けられることになる憲法上の危機が勃発したとき、ネイサンの議席はまだほとんど温まってもいなかった。この一件は最終的に彼から議席を奪うことになる。何が起きたのかというと、一〇月に執り行なわれた立法会議員就任式での宣誓で、ネイサンを含む六名の新入議員が、政治的なメッセージを伝えるために、通常の宣誓から逸脱したのだ。ネイサンは中国に対する忠誠を誓う際、宣誓文の語尾を上げることにより、誓いの言葉を実質的に疑問に変えたのである。

民主派議員の間では、就任式の宣誓の際に小道具を提示したり、スローガンを叫んだり、あらかじめ決められた宣誓文に文言を付け加えたりして、宣誓を抗議に利用するのが恒例になっていた。しかし今回は、招かれざる新入議員を放逐する苦肉の策として、香港政府は「ふざけた態度」をとった六人の議員を排除する法的措置に打って出たのである。

北京政府も喜んで調子を合わせ、香港政府の立場に一致する基本法の解釈を公表した。一一月に下された決定で、全人代常務委員会は、選出された議員が「正しい方法による宣誓を故意に履行しない場合、その選出議員は宣誓を再び行なうことはできず、議員就任の資格を失う」と裁定したのだ。

この「宣誓ゲート事件」は、香港政府が起こした訴訟が法廷で審議される間、何カ月にもわたってずるずると引き延ばされた。そしてついにネイサンの歴史的な圧勝から一〇カ月経った二〇一七年七月、香港の裁判所は全人代に敬意を表して、六人の議員に不利な裁定を下したのだった。追放措置だけでは足りないとでも言うかのように、香港政府は尊大にも六人の議員にそれまで支払った給与と経費の返還まで要求した。これについては、さすがの母も怒りを押しとどめることはできず「私は去年の九月にネイサンに投票したわ。私の票を無効にする権利なんて、いったい誰が政府に与えたわけ？それに、クビにした社員に給料を返還させる雇い主なんて、いったいどこにいるっていうの？」と憤った。

ネイサンは最悪の状況に立ち至っていた。苦労して手に入れた議席を失っただけでなく、ぼくと同じように、雨傘運動で果たした役割について裁判にかけられようとしていたのだ。「失業してしまったし、給料を返さなければならないとしたら自己破産の手続きをとらなきゃならない。おまけに数週間後には、君もぼくも刑務所に入れられるかもしれない。こんな状況で香港衆志は生き延びられるだろうか？」そう言ったネイサンの涙でうるんだ目はうつろだった。慰めようのない状況ではあったが、それでもぼくは彼の気を引き立てようとした。「雨傘運動のあの最悪のときをやりこなしたんだから、今度も大丈夫さ」と言って。

香港の評論家は、返還後の香港を釜茹でにされるカエルに喩《たと》えることがよくある。つまり、生ぬるい湯に入れられたカエルは、徐々に湯の温度が上がってきてもその変化に気づかず、ついには知らず知らずのうちに熱湯で殺されてしまうというのだ。北京政府は長年にわたり、香港人に気づかれることなく、香港の自由を徐々にはぎ取ってきた。一九九七年以来、中国共産党は香港実業界のリーダーたちを手なずけて、活字メディア、書店チェーン、出版社、ラジオ局、テレビ局などを買い取り、影響力を強めてきた。このいわゆる「統一戦線」活動は、香港社会の締め付けを強化する一方で、この追い詰められてゆく半自治地区に自らの政治課題をこっそり導入しようと北京政府が仕組んだものである。

だが、そうしたことは過去の話で、現在は状況が変わった。二〇一四年以降、中国指導部は目立たない支配を徐々に増強していくやり方にはもはや興味を失ったようだ。たとえば、二〇一五年の一〇月から一二月にかけて、中国共産党に関する〝暴露本〟を出版・販売していた書店〔銅鑼湾書店〕の関係者五人が失踪した。彼らは中国の工作員によって拉致、監禁されたものと考えられている。

書店関係者の拉致や宣誓ゲートなどの事件は、中国政府が業を煮やして、ますますあからさまな弾圧に訴えるようになってきている徴候だ。中国政府は一気に熱を高めて鍋に蓋をした。カエルは思う存分もがいて叫ぶことはできたとしても、沸騰する湯から逃れることはできない。これこそまさに、近頃の香港人が感じていることだ。

バッドニュースは届き続けている。「復讐は冷たい料理として出すのが一番いい」という言葉がある。律政司は、二〇一四年九月のあの運命の日に公民広場に侵入した件について、雨傘運動から三年も経ってから、ネイサンとアレックスとぼくを非合法集会参加罪で起訴した。二〇一七年八月一七日、ぼくが二一歳の誕生日を迎える二カ月前、裁判所はぼくらそれぞれに六カ月から八カ月の——ぼくにとってはそれまでで最長の——禁錮刑を言い渡した。そうすることにより、ぼくらを香港初の「良心の囚人」にしたのである。

政治的投獄は、民主主義の達成において避けては通れないステップだ。それはかつて韓国や台湾でもそうだったし、現在の香港でもそうなった。ぼくら三人は身をもってそのことを知っている。だが投獄はぼくらを黙らせるどころか、決意をさらに固めさせることになったのだった。

第２幕

投獄

壁屋懲教所からの手紙

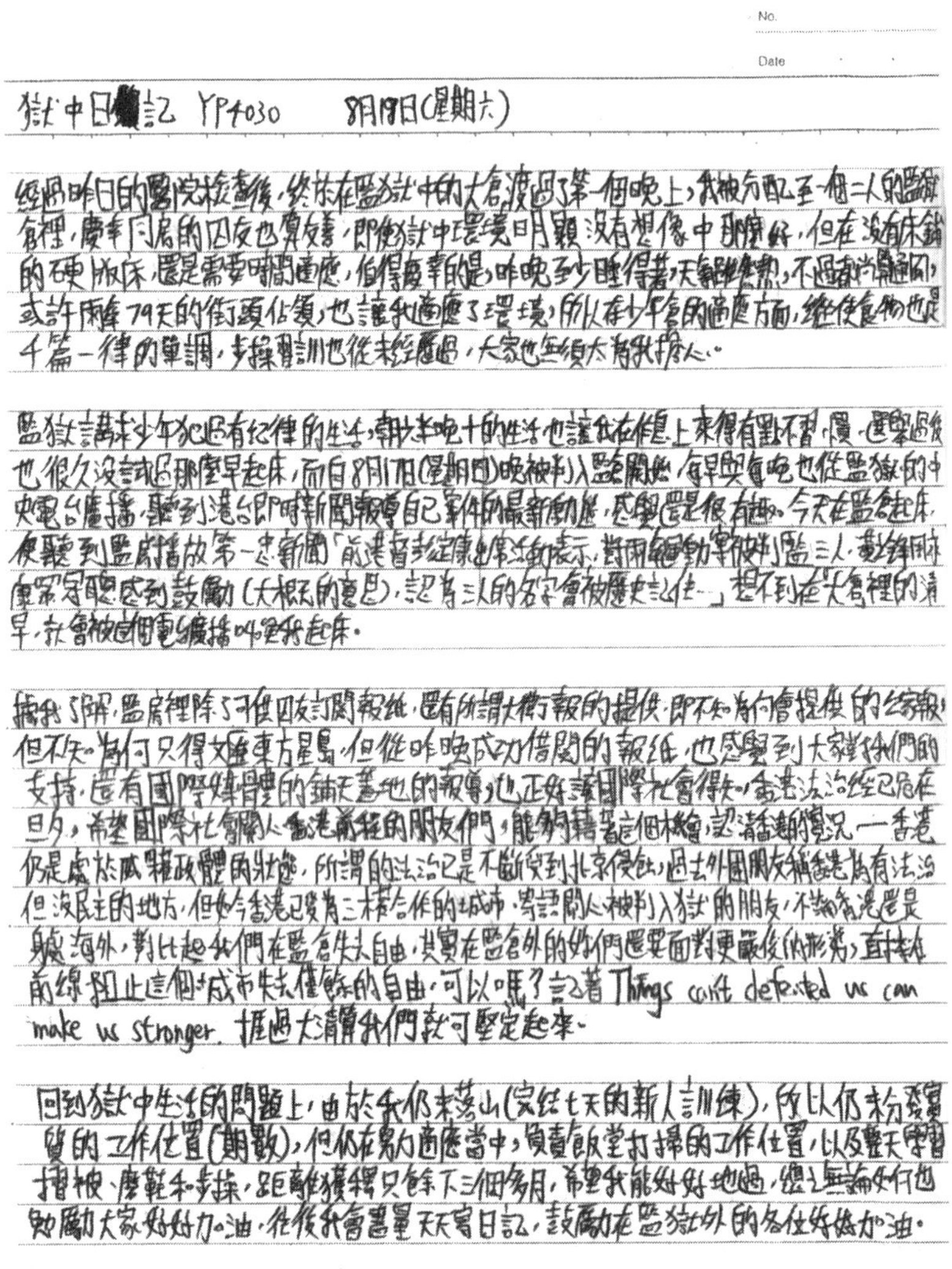

No.

Date

獄中日記 YP4030　8月19日(星期六)

經過昨日的醫院檢查後，終於在監獄中的大倉渡過了第一個晚上，我被分配至一個二人的監倉裡，慶幸同房的囚友也算友善，即使獄中環境明顯沒有想像中那麼好，但在沒有床鋪的硬板床，還是需要時間適應，值得慶幸的是，昨晚至少睡得著，天氣雖炎熱，不過都尚算通風，或許兩年79天的街頭佔領，也讓我適應了環境，所以在少年倉的適應方面，縱使食物也是千篇一律的單調，步操訓也從未經歷過，大家也無須太為我擔心。

監獄講求少年犯過有紀律的生活，朝六半晚十的生活也讓我在作息上來得有點不習慣，畢業過後也很久沒試過那麼早起床，而自8月17日(星期四)晚被判入監開始，每早與每晚也從監獄的中央電台廣播，聽到港台即時新聞報導自己案件的最新動態，感覺還是很有趣。今天在監倉起床，便聽到監房播放第一忠新聞「前港督彭定康在臉書表示，對雨傘運動案件被判監三人，彭定康表示寫聽感到鼓勵(大概是的意思)，認為三人的名字會被歷史記住…」想不到在大倉裡的清早，就會被這個電台廣播叫醒我起床。

據我了解，監房裡除了可供囚友訂閱報紙，還有所謂大眾報的提供，即不知為何會提供的公家報，但不知為何只得文匯東方星島，但從昨晚成功借閱的報紙，也感覺到大家對我們的支持，還有國際媒體的鋪天蓋地的報導，也正好讓國際社會得知，香港法治經已危在旦夕，希望國際社會關心香港前程的朋友們，能夠藉著這個機會，認清香港的現況——香港仍是處於威權政體的狀態，所謂的法治已是不斷受到北京侵蝕，過去外國朋友稱香港為有法治但沒民主的地方，但如今香港已變為三權合作的城市，寄語關心被判入獄的朋友，不論香港還是身處海外，對比起我們在監倉失去自由，其實在監倉外的你們還要面對更嚴峻的形勢，直接在前線阻止這個城市失去僅餘的自由，可以嗎？記著Things can't defeated us can make us stronger. 挺過大浪我們就可堅定起來。

回到獄中生活的問題上，由於我仍未落山(完成七天的新人訓練)，所以仍未分發實質的工作位置(期數)，但仍在努力適應當中，負責飯堂打掃的工作位置，以及整天學習摺被、摩鞋和步操，距離獲釋只餘下三個多月，希望我能好好地過，總之無論如何也勉勵大家好好加油，往後我會盡量天天寫日記，鼓勵在監獄外的各位好好加油。

ジョシュアが壁屋懲教所から送った手紙のファックス

壁屋懲教所からの手紙

2日目——2017年8月18日(金)

ぼくは日刊紙と受刑者が共有するラジオによって、綿密にニュースを追っている。支援者の皆さんの温かい励ましに感謝したい。

刑務所の暮らしは楽ではない。だがそれこそ、今この手紙を皆さんにしたためている理由、そしてこれからの数カ月間もずっとそうしようと思っている理由だ。ぼくの頭の中を駆け巡っていることや、塀の向こう側にいる皆さんに常に心を寄せていることを知ってもらいたい。

法廷から連れ出されるときに、ぼくが最後に口にした言葉は「香港人よ、進み続けよう!」だった。それはまさに、政治闘争に対するぼくの思いを言い表している。

二〇一三年三月、戴副教授は中環占拠運動を行なうことを表明した。副教授の目的は、政府に耳を傾けさせる最も有効な手段、すなわち金融街を麻痺させることによって、普通選挙を要求することにあった。そのとき戴副教授はぼくらに警告した。市民的不服従運動の究極的かつ不可避のステップは投獄されることだと。

中環占拠、そしてそのあとの雨傘運動も本来の目的を遂げることはできず、香港はその歴史上最も困難な一章に立ち至った。市民社会は次に打つ手がわからず閉塞状況に陥り、運動の失敗を経験した抗議者たちは失望感と無力感に苛まれた。中には政治活動をやめてしまう人もいたし、ぼくのように刑務所に入ることになった者もいる。

ぼくと仲間の雨傘運動リーダー、ネイサン・ロー（羅冠聡）およびアレックス・チョウ（周永康）に対する控訴も、民主派活動家の士気に打撃を加えた。それは、いわゆる「NNTサーティーン」に対する有罪判決についても同じである。NNTサーティーンは、中国国境に近い新界東北部で、議論を呼んでいた政府による土地開発プロジェクトに抗議してデモ活動を行ない、警察と衝突して訴えられた一三人の活動家たちだ。

活動はどん底に落ちたように感じられるかもしれないが、ぼくらは大義を掲げ続けなければならない。それは絶対に必要だ。政治活動から離れることを決めた友よ、ぼくが刑務所に投獄された事実、そして君に向けてこの手紙をしたためているという事実を通して、思い直してもらえるよう願っている。そうでなければ、ぼくらが払った犠牲——一六人全員が自由を奪われたこと——は無意味になってしまう。

ぼくはこれから、三六時間前に壁屋懲教所に投獄されて以来起きたことをすべて伝えてゆくつもりだ。ありがたいことに、まだ刑務所当局による不当な扱いは受けていない。ここを出るまで、ずっとそうあってほしいものだ。新入りの受刑者であるぼくは、一〇日間のオリエンテーションを受けることになっている。実際の刑務所のルーチンが始まるのはまだ数日先のことで、どんなことが待ち受けているのか、うまくやりこなせるのか、まったく予想がつかない。だが、それは少年刑務所（壁屋懲教所は、満二一歳未満の受刑者を収監している）について抱いていた印象より、ずっと厳しいものになりそうだ。たとえば、受刑者は全員、軍隊式の教練指示を覚えて、早朝の行進を行なわなければならない。大人の刑務所にいるネイサンとアレックスも同じことをやらされるのだろうか。

意外なことに食事はさほど悪くない。警察の留置場で出されたものよりずっとましだ。それでも、母が淹《い》れてくれるミルクティーが恋しくてたまらない。友達といつも行く屋台の鶏鍋も。ここを出たら真っ先に食べに行くつもりだ。

刑務所生活には慣れるのが大変だと思われることがふたつある。それは、単調さと職員の絶対的な権力だ。そのいずれについても、自分の批判的思考を鈍らせたり、今まで常にやってきた、権力に対する挑戦をやめたりしないよう心しなければと思っている。ぼくはこの「ダウンタイム」を有効に使って活動を前進させる方法を探り、完全な民主化の達成に向けて市民社会とよりよく連動する方策を見つけるつもりだ。刑務所にいる間は、何かに没頭することによって自分の精神を支配しておかなければならない。そうしなければ、刑務所がぼくの精神を支配してしまうだろう。

明日の朝になったら福祉司に会い、外の世界で起きていることがわかるように、自由主義派の新聞で、香港に残る数少ない信頼できる高級紙の『明報《めいほう》』と『アップルデイリー』（蘋果《ひんか》日報《にっぽう》）の購読を依頼するつもりだ。リスナー参加型のラジオ番組を朝晩聞くためにラジオも要望したいと思っている。それらがなければ時間はのろのろと過ぎ、塀の中の暮らしはますます耐えがたいものになるだろう。

とはいえ、ぼくが経験していることは、中国で不当に投獄された劉暁波や書店店長の林栄基《りんえいき》の経験に比べたら何でもない（原注　劉暁波は中国の人権活動家で二〇一〇年のノーベル平和賞受賞者。中国における複数政党制度を求めるマニフェストの共著者として禁錮一一年の実刑判決を受け、服役中の二〇一七年、肝臓がんで死去した。林栄基は中国共産党幹部の暴露本を出版・販売したため中国政府当局に拉致された五人の銅鑼湾書店関係者の一人［第1幕「抗議者から政治家へ」の項参照］）。これらの人々はぼくに勇気を与えてくれ、これからの六カ月を生き延びるために内なる力を総動員しなければならないことを思い出させてくれる。新聞や書籍を読み、文章を書き続けるかぎり、ぼくは精神を自由に保つことができるだろう。偉大なマハトマ・ガンジーはこう言っている。「あなたは私を鎖でつなぎ、拷問し、この身を滅ぼすことさえできる。だが、私の精神を拘束することは決してできない」今やぼくにとってガンジーの言葉は、より具体的な意味を持つようになった。

目下最大の懸念は、ぼくらの政党の状況だ。二〇一六年四月にネイサンとともに香港衆志を創設して以来、党は何度も大幅な後退を余儀なくされてきた。五週間前、ネイサンは苦労して手に入れた立法会の議席を失った。立法会議員就任式での宣誓の際に、彼と他の五人の新人議員が宣誓文を適切に読み上げなかったという理由で、議員資格を剝奪《はくだつ》されたのだ。このいわゆる「宣誓ゲート事件」は、民主派議員を立法会から排除して香港政治のパワーバランスを再び自らに有利なものにするために支配層が仕組んだ策略だった。

ネイサンの議員資格剝奪は香港衆志に深刻な打撃を与えた。立法会における党の唯一の議席を失っただけでなく、ネイサンの議員手当も失ったために、唯一の安定的な収入源が失われてしまったからだ。ぼくらは、荷物をまとめて一週間以内に立法会の建物から立ち退くよう命令された。ネイサンとスタッフ――その全員が香港衆志のメンバー――は、一瞬にして失業してしまったのである。

ほぼ一カ月後、今度は三人の主要党員、つまりネイサンとアイヴァン・ラムとぼくがみな投獄されてしまった。ぼくとネイサンは、雨傘運動勃発二日前に公民広場に乱入した罪でそれぞれ禁錮六カ月と八カ月の有罪判決を受け、アイヴァンはNNTサーティーンの一人だった。そんななか、もう一人の主要党員デレク・ラム（林淳軒《りんじゅんけん》）も今週裁判にかけられることになっている。香港における事実上の中国大使館である中央人民政府駐香港特別行政区連絡弁公室は、物議を醸している数多くの香港政府政策の黒幕だが、その建物の前で行なった抗議活動により起訴されているのだ。

今や香港衆志のほぼ全員が失業し、党を存続させるために何らかの手段を探すことが必要になった。さらには執行委員の半数がすでに投獄されているか、あるいはここ数週間のうちに投獄されることになっている。「じきに刑務所の中で執行委員会が開けるようになるな」とは、ぼくがよく言う冗談だ。

過去一五カ月の間に香港衆志が経験したほどの浮き沈みを経験した香港の政党は、いまだかつてないだろう。さぞかし党員は失望と当惑感に苛まれたものと思う。とりわけ、学校を卒業して最近参加したばかりの若者らにとっては辛《つら》いにちがいない。しかし、嘆かわしい多くの荒波を経験したとはいえ、ぼくは、こうした試練こそ党の成長と発展に欠かせないものだと信じている。世に言われるように「強靭な剣は火によってのみ鍛えられる」のだ〔テレビアニメ『スター・ウォーズ／クローン・ウォーズ』シーズン四より〕。実際、ぼくらが越えてきた道に盛られた減速バンプはぼくらを強め、ぼくらを鍛えて、待ち構えるさらなる課題によりよく備えられるようにした。何と言っても、反国民教育活動と雨傘運動を経験してきたのだから、この先どんなことに直面しても生き延びられるはずだ。

では、親中派に対するぼくのメッセージとは？　それは「喜ぶのはまだ早い」だ。香港衆志はあらゆる手段を講じて、来《きた》る補欠選挙でネイサンの議席を取り戻すつもりだ。資金の欠乏は決意でじゅうぶん補える。香港の選挙人は愚か者には容赦しない。あなたがたのトリックを見抜いて、すぐにぼくらの一人を立法会に送り戻すだろう。

最後に、きのう判決が下された際にぼくの胸に去来したことを伝えたい。まず、高等法院〔日本の高等裁判所に当たる〕に足を踏み入れたとき、ぼくらを励ますためにやってきてくれた何百人もの支援者の姿を見て、言葉にできないぐらい感動した。法廷内には、法廷闘争の各段階で常にぼくらを支援してきてくれた志を同じくする友人の一団がいた。判事が判決を言い渡したときには、泣き出した友もいたし、スローガンを口にする友もいた。みな手を叩き、床を踏み鳴らした。その音は、判事が小槌《こづち》を叩いて静粛を命令しなければならないほど大きく響き渡った。そのときぼくは悟ったのだ。決して一人でこの旅路を辿ってきたのではなかったと。そしてこれからも決してそうなることはないと。

ぼくの旅路は二〇一二年に反国民教育カリキュラム運動を率いたときに始まり、それから激動の五年間を辿ってきた。判事から判決を言い渡されたときには、一滴も涙をこぼさなかった。勇敢だったからではない。そうではなくて、ぼくのこの自由剝奪は、民主主義達成に向かうぼくら全員の道筋において避けては通れないステップであることを、支援者たちにわかってもらいたかったからだ。ここでJ・K・ローリング〔『ハリー・ポッター』シリーズの著者〕の言葉を引きたい。「やってくる定めは必ずやってくる。それがやってきたとき、ぼくらは立ち向かうだろう」

香港は岐路に立っている。政府は抗議者を黙らせるためなら何でもするだろう。今までも自らの権力支配に対する脅威とみなした者はみな容赦なく糾弾してきたし、これからもその手を緩めることはないはずだ。彼らに敢《あ》えて立ち向かおうとする者にとって、前進するための唯一の手段は団結である。だから今夜、監房にひとり閉じ込められたぼくは願っている。みんなが勇気を失わず、涙と怒りと落胆を、前に突き進むための原動力に変えることを。

香港人よ、進み続けよう！

塀の外の状況は塀の中より悲惨だ

3日目――2017年8月19日(土)

ぼくは二人用の監房をあてがわれた。もう一人の受刑者は、そこそこ友好的に見える。と言っても、昨晩、消灯時間が来る前に言葉を交わす暇はほとんどなかった。

少年刑務所のコンディションは思ったより悪くない。今は真夏だが、風通しはよく、暑さは何とかしのげる。今のところ最も不快なのはベッドだ。実のところ、これをベッドと呼ぶのは誇張だと思う。それは単なる木製の厚板で、マットレスもない。だがここでも、雨傘運動のさなかに高速道路の上で七九日も寝たことを思えば、このベッドにもやがて慣れるだろう。

刑務所は規律と命令の世界だ。起床は毎朝きっかり六時。夜は一〇時に消灯する。立法会にネイサンを送り込むために二〇一六年に選挙運動をしたときでさえ、これほど早く起きる必要はなかった。ぼくは朝型ではない。

一日二回、ニュースが拡声器から流れてくる。今朝は最後の香港総督だったクリス・パッテンの話で起こされた。アナウンサーはこう言っていた。「記者によると、公の場に姿を現したパッテン氏は、ジョシュア・ウォン、アレックス・チョウ、ネイサン・ロー各氏が払った犠牲に心を動かされたそうです。この三人の名前は歴史に刻まれることになるだろうと語っていました……」自分の名前がこんなふうに、他の受刑者の前で言及されることはシュールな思いがした。そして、自分は有罪宣告を受けた犯罪者なのだという現実が、ようやく身にしみてきた。

ぼくが理解するかぎり、受刑者は新聞の購読を許されている。そのほかにも、借りて無料で読むことができる、いわゆる「共用紙」がある。だが、がっかりしたことに（とはいえ意外ではなかったが）、そのほとんどは『文匯報《ぶんわいほう》』、『大公報《だいこうほう》』、『星島日報《せいとうにっぽう》』といった親中派の代弁者になっている新聞だ。

だが運よく、『アップルデイリー』紙をほかの受刑者から借りることができた。そのおかげで「雨傘トリオ」すなわち、ぼくとアレックスとネイサンに対して世論の支持が沸きあがっていること、そしてぼくらの投獄の全貌を外国メディアが報道していることがわかった。

ぼくら三人に起きたことが国際社会に明確なメッセージを送ることになるよう願っている。すなわち、香港の「法の支配」は崩れ始め、徐々に「法による支配」に変貌しつつあるという事実だ。政府が行なう法の厳格な順守は、今や個人の自由や民主主義の平和的要求を抑圧している。香港政府が刑事司法制度を利用して政治活動家を容赦なく追い詰めていることは、言論の自由の侵害であるだけでなく、行政、立法、司法という政府の三権の境界線を曖昧にして、香港の独立した司法制度に対する市民の信頼を究極的に損なうことになるだろう。

いろいろな意味で、刑務所の塀の外の状況は、塀の中よりずっと悲惨だ。香港を愛し、香港のことを気にかけているすべての人――たとえ香港に住んでいなくても――が、ぼくの留守中に闘いを継続してくれるよう期待している。「私を殺さないものは、私をより強くする」という言葉がある（フリードリヒ・ニーチェ『偶像の黄昏』より）。今回の政治的迫害を乗り越えることができれば、ぼくらは立ち上がり、これまで以上に固く団結できるだろう。

オリエンテーションを終えたらすぐ、受刑者の作業グループに割り当てられることになっている。それまでは、食堂の床を掃いたり、洗濯物をたたんだり、靴を磨いたりする単純作業をやることになる。これからの数カ月、頻繁に手紙を書き、自分の面倒をしっかりとみて、友や家族のことに思いを馳せるつもりだ。

少年刑務所で答えを探る

4日目――2017年8月20日（日）

刑務所の暮らしには厳格な時間割がある。日曜日は「非番」の日で、受刑者は朝の七時から夕方の七時まで一日中食堂にたむろすることができる。

「たむろ」という行為は、テレビがなかったら拷問だ。大部分の受刑者にとって日曜日のお楽しみは、午後にＴＶＢ（無料放送網「無綫電視」）で放映されるメロドラマの再放送を観ることにある。ＴＶＢはほぼ一強状態の放送局で、ニュースから番組選択まで、全番組に親中国共産党・親香港政府のバイアスがかかっているため、ものすごく不人気なチャンネルなのだが、そんなことはお構いなしだ。刑務所では、たとえどんなに不満足な娯楽でもまったくないよりはましなのだろう。

ＴＶＢの時事問題番組「講清講楚（オン・ザ・レコード）」に雨傘運動の仲間の学生リーダーだったレスター・シャム（岑敖暉）がライブで登場し、政治囚となった経験について語る姿が観られたのはうれしかった。さらには、雨傘トリオを支援するために日曜日の午後に開かれた、もうひとつの大規模抗議集会のニュースも観た。テレビのほかには、借りてきたきのうの『アップルデイリー』紙を隅から隅まで読んで時間をつぶした。

ハードな〝マットレス・レス〟ベッド以外に、ここで慣れなければならないもうひとつのハードな試練は、外の世界から隔絶されていることだ。フェイスブックやツイッターなどのソーシャルメディアにまったくアクセスできないことの苦しさと、友人とまったく会話ができないことの苦しさは、次元が全然違う。だからぼくは、たとえテレビやラジオや新聞を通してであっても、外の世界とつながっていると感じられるあらゆる機会をむさぼっている。
きょう一番ワクワクしたのは、夕方のニュースでアイヴァン・ラム（林朗彦）の話が報道されたことだ。アイヴァンが監房から書いた手紙の一部をアナウンサーが読み上げたのである。別々の刑務所に入っているとはいえ（懲教署〔日本の矯正局に当たる〕は、刑務所で組織的暴動が起こるのを防ぐために、つながりのある受刑者を常に引き離している）、アイヴァンの言葉を耳にしたときには、彼がすぐ横に座っているような気がした。

ここ数日のあいだに、壁屋懲教所内で新しい友人が何人かでき、きょうは若い政治囚のマック・ツィーヘイ（麥子晞《ばくしき》）と話をした。彼は、二〇一七年三月、二〇歳のときに、二〇一六年に起きた香港旺角騒乱（原注　二〇一六年二月の旧正月前夜に起きた、香港メディアが「魚蛋革命《ぎょたん》」［「魚蛋」は魚のつみれのこと］と呼ぶ抗議活動。無許可だが人気のある屋台区域［多くの店が魚蛋を売っている］を当局が取り締まり、屋台を支持した数百名の抗議者［そのほとんどが中国からの独立を主張する本土派だった］が機動隊と衝突して、大勢が暴動容疑で検挙された）に関与した罪で、三年間の禁錮刑を受けている。話してすぐにわかったのは、政治的見解は異なっても（彼は香港独立運動の扇動者だが、ぼくはそうではない）、意味のある意見を自由に交わすことはできるということだ。そもそもぼくらは二人とも政治的信念のために収監されている。それに何より、香港を愛する気持ちに変わりはない。

マックと会って思い出したのは、数多くの忘れられた活動家のことだ。彼らは、ぼくやネイサンやアレックスがときには当たり前のこととして受け取りがちな名声も市民の支援も受けておらず、無名であるため、最良の弁護団を雇う金銭的支援を得るのもままならない。ぼくらは、香港旺角騒乱の参加者からNNTサーティーンのメンバーまで、陰の英雄がたくさんいるという事実に注目を集めなければならない。彼らは沈黙のなかで苦闘している。

忘れられた活動家について言えば、きょうぼくは、雨傘運動と反国民教育活動に参加した抗議者たちにも出会った。活動家たちがどのような経緯で収監されたのかについてはまだ調べがついていないが、長年にわたる抗議活動のなかで出会ってきた活動家たちの顔は、見ればすぐにわかる。

受刑者の大半――ぼくの推定ではおそらく七割ほど――は、不法薬物に関連する罪で投獄されていて、使用者もいれば、売人もいる。彼らは社会から犯罪者とみなされ、「廃青《ファイチン》」（広東語で「役立たずの若者」の意）と呼ばれている。こうした若者は香港の教育および社会制度の失敗がもたらした症状でこそあれ、その原因ではないことに気づいている人はほとんどいない。生まれつきの犯罪者など存在しないのに。

総じて、受刑者仲間は誠実で心が温かく、彼らから学べることは多い。八週間後に、ぼくは二一歳になり、香港の別の場所にある大人の刑務所に移監される。それまでのあいだ彼らと知り合い、話を聞くよう努力するつもりだ。

こうしたことはみな、香港行政を司るエリートたちの偽善行為を鮮明にする。行政長官の林鄭月娥や政務官の張建宗《ちょうけんそう》といった政府高官は、香港の「若者を関わらせる」ために多大な努力を払っていると常に主張する。だが彼らは、ネイサンや他の若い立法会議員の資格を剝奪し、そうすることによって、何万人もの若い選挙人の票を無効にした張本人なのだ。彼らはその後、若い抗議者たちを起訴し、監獄に投げ込んでいる。活動家に会って話し合うことにより、政治の行き詰まりを解決しようとした役人は一人もいない。

きょう、ある若い受刑者から、立法会議員の刑務所訪問の際にネイサンに会ったと告げられた。香港では、立法会議員と治安判事（政府が地域社会の指導者に任命する名誉職）は、どんな受刑者でも自由に訪問できる権利を持つ一握りの人物だ。「宣誓ゲート事件」によって議席を奪われる前、ネイサンはこの権利を活用して多くの刑務所を訪問していたが、そのひとつが壁屋懲教所だったのだ。今やネイサン自身が塀の中にいるという皮肉は、ぼくら全員が痛感している。

法廷侮辱罪公判の最終弁論

8日目――2017年8月24日(木)

今朝ぼくは、法廷侮辱罪に関する裁判の最終弁論に出席するため壁屋懲教所を後にした。法廷という場ではあったが、刑務所での単調な日々から逃れ、馴染みの顔が見られたのはうれしかった。ぼくは、雨傘運動の終焉《しゅうえん》に旺角の抗議ゾーンへの立ち入りを禁ずるという裁判所の命令に背いたかどで法廷侮辱罪に問われた二〇人の活動家の一人だ。弁護団からは、刑を軽くするために罪状を認めるように助言されていた。そうすれば三~六カ月の刑で済むだろうというのが弁護団の一致した見解だった。

品行方正にしていれば、公民広場へ乱入したことにより科せられた六カ月の刑期は三分の一減刑されて四カ月になる。法廷侮辱罪に問われなければ、一二月一七日には出所できることになるわけだ。だが、おそらく裁判長はふたつの罪状の刑期を統合し、さらに数カ月ぼくを拘禁しつづけるだろう。いずれにせよ、来年の春が過ぎるまで刑務所に留まることになる。だから、クリスマスと旧正月を塀の中で過ごすことになる可能性について心づもりをしているところだ。

だがぼくは、他の活動家たちは、ぼくよりもっと過酷な刑を受けたという事実をすぐに思い出した。NNTサーティーンは当初、二〇一四年に立法会委員会の会議に乱入した件について社会奉仕活動を命じられたのだが、律政司がさらに厳しい刑罰を下すよう上訴し、八~一三カ月の禁錮刑を受けることになった。有罪になった活動家の中には、アイヴァンと仲間の活動家、ラファエル・ウォン（黄浩《こうこう》銘《めい》）がいる。ラファエルは民主派政党である社会民主連線（LSD）の副主席だ。彼らが下された厳しい判決は、反政府活動家に対する今後の判決にとって危険な先例になった。それはまた、香港における集会の自由にも萎縮《いしゅく》効果をもたらすだろう。

ぼくはきょう、法廷でラファエルに会った。ぼくと同じ旺角の法廷侮辱罪にも問われているからだ。公判のあとぼくらは弁護団に会い、万一裁判で不利な判決が下された際にとるべき上告の戦略について短時間検討した。ラファエルは三つもの罪に問われているにもかかわらず、いつもと変わらず元気だった。彼が直面しているのは、旺角の法廷侮辱罪裁判、NNTサーティーンに対する一三カ月に及ぶ刑期、そしてなにより、彼が雨傘運動で果たした指導的な立場についての公的不法妨害罪である。

こうしたことすべては、先週アレックスとネイサンとぼくにものすごいメディアの注目が集まったことを居心地悪く思わせる。刑務所に投獄された翌日、香港の新聞はぼくの顔写真を一面に載せまくった。しかし実のところ、香港では抗議活動のために裁判にかけられたり、これからかけられようとしたりしている人が無数にいるのだ。その多くについて、ぼくらよりずっと過酷な刑罰が下されようとしている。

新聞について言えば、現在起きている出来事のニュースにアクセスできないことが、どれほど辛いかはいくら強調してもしたりない。ぼくは今でも、きのうときょうの『明報』と『アップルデイリー』紙を手にできずにいる。つまり、ぼくが知っている情報はよくても二日遅れのものなのだ。ぼくが要請した新聞が届きはじめるまで、毎日の暮らしは辛いものになるだろう。これほど新聞を渇望することになるとは思ってもみなかった。新聞を自分の監房に持ちかえり、地元の政治欄と意見欄をむさぼり読むのはたまらなく愉《たの》しい！

これまでぼくは、常時スマホをいじることに慣れていた。常に親指を高速で動かして、友人にテキストメッセージを送ったり、報道機関にコメントを送ったり、党の大小の問題を片づけたりしていた。

スマホがないのは、手足をもぎとられるようなもの、あるいは、痒《かゆ》いところがあるのに掻《か》けないようなものだ。ぼくは、党の仕事の一部を手放したり、同僚に分担してもらったりすることを学ぶ必要がある。もしかしたらこの「ダウンタイム」を楽しむことさえ学べるかもしれない。さすがにそれはありそうにないが、試してみても損はないだろう。

昼食をとった後は、すぐに檻のような護送車で壁屋懲教所に連れ戻された。そして刑務所を一時的に離れた受刑者は、戻る際に尿検査を受けなければならないと告げられた。尿検査で問題ないことが判明するまで、他の受刑者から引き離された独立監房に入れられる。受刑者から「検疫所」と呼ばれている監房だ。

次に壁屋懲教所を離れるのは、法廷侮辱罪の容疑に関する裁判の判決が下される九月で、その判決を上告すれば、一〇月にも再びここを一時的に離れられるだろう。それまでは、愛する人たちからの手紙と、ぼくにとって初めてとなる、今週土曜日の友人と家族との面会を楽しみにしている。その日を指折り数えることで、しばらくは前向きな気持ちでいられるだろう。

立法会議員の訪問

9日目——2017年8月25日(金)

立法会議員のシウ・カーチュン（邵家臻《しょうかしん》）が、今朝ぼくに会いに来た。「ボトル」というあだ名（原注　広東語では彼の名前である「チュン」と瓶を意味する言葉の発音が同じであるため）を持つシウは、年季の入ったソーシャルワーカーだ。シウもネイサンが議席を獲得した二〇一六年の立法会選挙で当選したのだが、二人の選挙区は違っていた〔シウは職能別選挙区から選出された〕。ボトルは「宣誓ゲート事件」には関与しなかったため、議席を失うことはなかった。

ボトルは、立法会議員と治安判事が持つ特権のために、いつでも望むときに刑務所を訪問することができる（七八ページ参照）。一時間の面会の中で、ボトルは間近に控えている自らの裁判について話し（シウは雨傘運動で果たした指導的役割が公的不法妨害に当たるとして起訴されていた）、汎《はん》民主派陣営におけるさまざまな会議について報告してくれた。さらに、宣誓ゲート事件のあと空席になった補欠選挙における汎民主派陣営の戦略についてもひとつひとつ詳しく説明してくれた。彼らはこの選挙で六議席勝ち取ることを目指している。

汎民主派陣営の立法会議員のなかで、青少年犯罪に最も精力的に取り組んでいるのがこのボトルで、壁屋懲教所のような少年刑務所を定期的に訪問していることで知られている。予想通り、シウはぼくに、刑務所での生活がうまく送れているか、職員から虐待を受けていないかと尋ねた。だがぼくは、報告が必要になるようなネガティブなことはまったく経験していなかった。実のところ、かなり好ましい扱いを受けていると言ってもいい。他の受刑者は友好的だし、刑務官の態度もおおむね誠実だ。「ほんの少しでも敵意を感じたら、日誌に記録しますよ！」とぼくはボトルに冗談を言った。冗談は別にして、内心では、ぼくら受刑者はみなボトルに感謝すべきであることがわかっていた。もし彼が長年にわたって刑務所のコンディション改善に骨を折り、受刑者に対する虐待について注意を喚起してこなかったら、壁屋懲教所の状況はずっと悪いものになっていただろう。

初めてボトルに会ったのは六年前のことだ。当時ぼくは一四歳の中等学校の生徒で、ボトルはソーシャルワーカーかつラジオのパーソナリティーを務めていた。その後彼は、ぼくの反国民教育活動を何回か番組で取り上げてくれた。ネットフリックスがぼくについて制作したドキュメンタリー『ジョシュア：大国に抗った少年』の中には、ボトルのラジオ生番組に出演したぼくに、ガールフレンドはいるか、と彼が質問する場面がある。「母が言ってるんです。まだデートするのは早いって」こう答えたぼくに、スタジオにいた全員が噴き出した。当時は気楽な時代で、ぼくらのどちらも、その五年後に刑務所のガラスを隔てて会話することになるなどとは想像してもいなかった。

ボトルが帰ったあと、時間が少し余った。検疫のために、他の受刑者のいる食堂に行くことができなかったので自分の部屋に戻り、例の〝マットレス・レス〟ベッドで昼寝をすることにした。その前に昼寝をしたのはいつだったか思い出せない。尿検査にパスしたあとは、共用エリアに行って受刑者の群れに加わるよう指示された。中庭に向かうと、途中で私服刑務官に声をかけられ、受刑者用アンケートに記入するように求められた。

大方の質問はかなりありふれたものだった。

何の罪で有罪になったのですか？

薬物を使用していますか？
三合会《トライアッド》（犯罪組織グループ）に所属していますか？

このあと質問はもっと個人的なものになった。

出所後に仕事を探せる自信がありますか？
自分には雇用されるスキルがあると思いますか？
あなたにとって家族は重要ですか？
信頼できる友人がいますか？
自分の気分や感情が抑えられますか？
あなたには暴力的な傾向がありますか？

これらの「はい／いいえ」の質問に対する答えに基づいて、さまざまな社会復帰コースやワークショップに所属させられることは確かだ。ぼくはその方法論にシニカルにならないように努めた。完全なシステムなど存在しないものだし、受刑者の中には、こうしたカリキュラムの恩恵を被る者もいるだろうから。それでも、このアプローチはやや機械的にすぎると思わずにはいられない。また、一種類しかない汎用アンケートを行なうことで、いったいどうやって多岐にわたる受刑者の再教育の方法が探れるというのだろう。このアンケートはぼくのような政治囚にはとりわけ不適切だ。悪いことなど何もしていないと信じているし、何より、悔い改めたいとなどまったく思っていないのだから。

久しぶりの握手

10日目——2017年8月26日(土)

刑務所では時間がのろのろと進む。その一方で、毎日は気づかないうちにあっという間に過ぎてしまう。

壁屋懲教所に来てから一〇日になる。つまり、ぼくのオリエンテーションの期間は終わろうとしている。来週月曜には他の「修了生」たちに正式にまじって、集団の日課をこなすことになる。あのおぞましい朝の行進もそのひとつだ。さらには、複雑な毛布たたみの技もマスターするように求められる。この作業は簡単に聞こえるだろうが、ぼくにとっては難題だ。オリエンテーションの期間中、監房の同居人の力を借りてさえ、ぼくは看守が求める水準に達することがほとんどできなかった。月曜からはそれを一人でやらねばならず、ぶきっちょ、役立たず、と看守が浴びせる罵声のことを考えると憂鬱になる。

来週から、ぼくの一日は二分される。朝の授業と午後の作業だ。授業は受刑者の教育レベルに応じて四段階に分かれている。

クラス1——中等学校五年次(小学校一年次から数えて一一年目)
クラス2——中等学校三年次(小学校一年次から数えて九年目)
クラス3——中等学校二年次(小学校一年次から数えて八年目)

クラス4——中等学校一年次（小学校一年次から数えて七年目）

ぼくが大学二年生であることを職員が知っていて、クラス1に割り当ててくれるよう神に祈っている。きのう、なぜだかクラス3に入れられそうだという話を又聞きして、ぼくはパニックに陥った。中等学校二年次レベルのクラスに毎朝、毎朝、座らされることがどれほどの苦痛をもたらすかは想像するにあまりある！

きょうは、ぼくの弁護人の一人、ボンド・ンー（伍《ご》展《てん》邦《ほう》）が会いに来て、香港衆志の主要メンバーの少なくとも四人に対して起こされている係争中の告訴について話し合った。四人の内訳はこうだ。ぼく（法廷侮辱罪）、ネイサン（非合法集会参加罪）、アイヴァン（非合法集会参加罪）、デレク（公的不法妨害罪）。ぼくらのカレンダーは今や、裁判、保釈査問会、控訴、そしてさらなる控訴に埋め尽くされている。この無限に続くサイクルとも思われる刑事司法制度は、夜の眠りを奪い、食事を上の空にする。ぼくらのような若者が繰り返し刑務所に送られることを心配しなければならないというのは超現実的だ。しかし、それこそ、ぼくらが直面している現実なのだ。

ボンドとは、新聞で知った最近の台風のことについても話した。彼によると、強風が吹き荒れて煉《れん》瓦《が》が空を飛んだという。被害を受けた地域のひとつ、海《かい》怡《い》半島（サウスホライゾンズ）は、ぼくが両親と暮らしている地区だ。馴染み親しんだ場所とそこに住む人々がたまらなく恋しくなる。

壁屋懲教所は比較的開《ひら》けている刑務所だが、決して楽しい場所というわけではなく、一日中怒声が鳴り響いている。そのほとんどは看守が受刑者に命令したり、受刑者を叱ったりする声だ。だからボンドが帰り際にぼくの手を握ったとき、なぜか場違いな行為に思えた。ここに来て以来、誰かと握手したのは、それが初めてだった。

看守はぼくを同等の人間としては扱わない。受刑者であるぼくは、絶対的な服従のもとで生活している。どんな命令にも異議をはさまずに従い、すべての職員に「殿《サー》」という敬称を付けることが必要だ。たとえば、看守がぼくの歩みを止めたら、ぼくは看守の目を見ないようにして、歯ブラシだろうがタオルだろうが本だろうが、抱えているものをすべて床に置いてから質問に答えなければならない。

数日前、高名な法廷弁護士で香港弁護士会（香港大律師公会）の元会長である石永泰《せきえいたい》（ポール・サイ）に関する記事を読んだ。ラジオの人気番組で、政治活動家が直面している最近の法的問題について彼が口にしたことが炎上したのだという。石永泰は、戴副教授と彼の仲間の中環占拠リーダーは、禁錮刑を受けて当然だと言ったのだ。市民的不服従運動を組織した彼らは「バチが当たっただけだ」と。ボトルもボンドも、この物議を醸しているコメントについて、ぼくの意見を求めた。ぼくは、石永泰をはじめとする、いわゆる香港の「上流社会人」たちの物の見方こそ、香港社会を分断させているものにほかならないと答えた。縁故主義にせよ金権政治にせよ、香港の政権は常に上層階級を優遇し、無力な人々をのけ者にする。まさにここ壁屋懲教所と同じだ。

この刑務所で最も切望されている新聞は『東方日報』だ。親中派の新聞だが、折込みのグラビアがあるので男たちに人気がある。一方、共用テレビで唯一観られるニュース番組はＴＶＢのニュースだ。これはぼくがふだん観ているチャンネルではない。今にして、バイアスのかかったニュース源に無意識に晒《さら》されることが、どんなことなのかよくわかった。誰もそのことに気が付かなければ、レミングたちは他に取るべき方法を知らず、断崖に向かってしまうだろう〔レミング〔タビネズミ〕は集団で盲目的に崖から海に飛び込み全滅するという言い習わしがある〕。ぼくにとっては好都合なことに、みんな『東方日報』を読もうとするので、共用の『明報』には誰も手を出さない。そして毎朝、親切な同居人のアースンが頼まなくても持ってきてくれる。

　バイアスと言えば、きょうの午後、矯正監がぼくのところにやって来て、最近のニュースについて雑談しようとした。彼は最初に、自分は「中立だ」と宣言することから話を始め、「黄リボン派」でも「青リボン派」でもないと言った。そして、政治の世界に首を突っ込んで刑務所に入ったのを後悔していないかと尋ねたあと、ぼくの有罪判決と、その刑罰に対する政府の控訴に関する自らの見解を三〇分にわたって滔々《とうとう》と披露した。彼の論点――そんなものがあったとしてだが――は、石永泰が戴副教授について述べたものに似ていた。すなわち「やったことのバチが当たっただけだ」である。ぼくは反論しなかった。それは自分の身を守るためでもあったが、たとえ何を言ったところで彼の考えが変わらないことがわかっていたからだ。だからぼくはただ笑みを浮かべて、ゆっくりその場を立ち去った。

六つの抵抗プラン

11日目――2017年8月27日(日)①

シグナル8の台風警報〔一〇段階のうち八段階目に強力な台風で、公共の交通機関が運休し企業や学校が休みになる〕が発令され、すべての戸外活動が中止になった。

アースンとぼくは、二坪ほどの二人用監房に閉じ込められている。だがそのおかげで長い日誌を書く時間ができた。ぼくはディスレクシアだから誤字脱字が多いし、手書き文字も悲惨だ。だから、ぼくの原稿を書き写す不運な人に前もって詫《わ》びておきたい。

ここ一週間ほどのあいだに多くのことが起きた。新聞で知ったことによると、先週の日曜日、活動家たちはアレックスとネイサンとぼくのために、雨傘運動以来最大となる街頭デモを行なってくれたという。それだけ多くの参加者が集まった理由は、最近まで香港には政治囚など存在しなかったからだ。この新たな展開は多くの人たちを動揺させ、とくに親たちは、我が子が政治に関わると刑務所に送られるのではないかと案じた。

さらにロイター通信社が、ある曝露《ばくろ》記事を掲載した。律政司司長〔司法長官に当たる〕のリムスキー・ユエン（袁國強《えんこくきょう》）が、起訴された複数の活動家について判決を上訴しないという律政司内部の決定を覆したらしいという。ぼくもそれらの活動家の一人だった。また、上告裁判所が、宣誓ゲート事件により議席を剝奪された六人の立法会議員のうち二人による上告を棄却した。そんな折、こうした出来事に追い打ちをかけるように、石永泰が、戴副教授はバチが当たったのだという、例の無神経な発言をしたのである。

香港は徐々に専制主義体制になりつつある。この重要な岐路に立つ今、民主派活動家は状況を見直して、抗議活動をより効果的に前進させる計画を立てなければならない。それを可能にするアイデアは次の六つだ。

1．法廷内の象を指摘する

不文律の原則のもと、判事は一貫性と公平性を確実にするために判例に縛られている。公序良俗条例に基づく犯罪である非合法集会について言えば、香港返還後に下された最も厳しい判決は禁錮六カ月の刑だった（それは、政府予算案に抗議して金融街の道路を占拠し、警官隊と衝突した反政府運動活動家に下された判決だった）。しかしNNTサーティーンは八〜一三カ月に及ぶ刑期を科されている。同様に、ネイサン、アレックスとぼくにも、公民広場に乱入したかどで六〜八カ月の禁錮刑が言い渡された。

最近の判決で、判事たちは市民暴動における「不健全な傾向」の「抑止策」として、重い刑を下す必要性を強調している。ぼくには、判事たちが判決に自らのイデオロギーを混入する傾向を強めているように思えてならない。というのも、彼らは自らの政治観を表現するために、ますます法廷を利用するようになったように見受けられるからだ。判事たちは政治的に中立であると宣言しているが、若者による活動を、抑制すべき「不健全な」傾向と特徴づけていること自体、一部の判事が中立からほど遠いことを示す証拠である。

さらには、公序良俗条例そのものに重大な欠陥がある。この条例は、返還後の移行期間に、中国の深圳《しんせん》に置かれた香港の臨時立法会で急遽《きゅうきょ》可決されたものだった。この条例の成立過程は手抜きかつ不透明で、市民の意見を聴取することもまったくなかった。がっかりさせられることに、判事は今やこの条例がまるで他の条例と変わらない堅固で完璧な条例であるかのように解釈して適用している。この条例に備わる問題のある成立経緯と正当性の欠如については、まったく配慮していない。

抗議者を摘発するために政府が利用した公序良俗条例の罪状は非合法集会だけではない。暴動もまた公序良俗条例という矢筒にある一本の矢で、その罪は非合法集会より重い。代表的な例が二〇一六年の旧正月に起きた香港旺角騒乱〔七七ページ参照〕で、数十人の活動家が暴動罪で起訴され、本土民主前線（原注　二〇一五年に創設された本土派グループ。香港衆志より過激で、市民的不服従運動における好戦的なアプローチを主張している。その政治目標には、中国からの完全な分離独立が含まれている）の創設者、エドワード・リョン（梁天琦《りょうてんき》）をはじめとする数人は、六年もの禁錮刑を科された。

活動家たちは度を越して熱心な判事と悪法に加え、律政司とも闘わなければならない。律政司には、長いあいだ政府の脇腹に刺さったトゲと見なしてきた人物を選択的に起訴する資金が充分にある。しかもそれは納税者の金だ。律政司は、気にそまない判決や刑罰を上訴し、望み通りの結果が得られるまでその手を緩めない。それにひきかえ、政府の上訴手続きに対して闘う金銭的余裕のある被告はほとんどおらず、多くの者はそれ以上の損失を食い止めるために、闘いをあきらめてしまう。

香港政財界のエリートは、香港の法の支配の劣化を常に弁明しようとする。彼らは香港の独立した司法制度は「香港繁栄の基盤」だと標榜《ひょうぼう》し、刑事司法制度が今や異議を唱える者を黙らせるための政治の具として使われるようになった現実を黙認する。判事が裁決を下すたびにその刑が重くなり、抗議者が続々と投獄されている事実から目をそむけているのだ。

民主化のための闘いを続けるために、香港人は目を覚まさなければならない。香港では法の支配も独立した司法制度も、香港人の基本的権利を守るには不十分であるという事実に気づくことが必要だ。

どんな問題も、それを解決する最初のステップは、問題が存在するという事実を認めることにある。香港政府は法廷を不公平な戦場にしてしまったという事実を認めなければならない。

2. 対立勢力と団結する

同じ大義のために闘っているといっても、必ずしもすべての活動家の意見が一致しているわけではない。事実、穏健派の汎民主派陣営に属す多くの活動家は、立法会委員会の会議に乱入して警察隊と激しく衝突したNNTサーティーンのような、より過激なグループがとっているアプローチに懸念を抱いている。

同様に、急進的な本土派は集団行進やスローガンに業を煮やし、数十年間にわたる非暴力活動は何も進展を促さなかったと穏健派を非難している。その結果は、対立する勢力間における絶えざる口論と非難の応酬だ。これはまさに政府当局にとっては願ってもない状況であり、この混乱を利用して分断と征服を図る機会を彼らにむざむざ与えてしまっている。

戦略が違うといっても、ぼくらの運動はみな同じ民主化要求に根差している。政治的なスペクトラム全体にわたって、何十人もの活動家がすでに投獄され、これからの数カ月にさらに多くの者がそうなる運命にある。ぼくらは互いの差異を脇に置いて、活動家たちがやり残した仕事を引き継ぐことにより、投獄された活動家たちに敬意を払うべきだ。

ぼくらが団結できることを示す最良の手段のひとつは、基金を設立して寄付を募り、イデオロギーのいかんを問わず、告発されている活動家全員に法的支援を提供し、影響を被った彼らの家族にもカウンセリングなどの支援を提供することだ。

3．立法会における足場を守る

街頭デモで闘うことと同時に、ぼくらは立法会でも主張を表明できるようでなければならない。立法会における足場を守る最初の一歩は、野党議員が議員資格を剝奪されたために空席になった六議席を埋めることだ。

現在のところ、本土派の候補者（本土民主前線からの候補者など）と自決権を主張する候補者（香港衆志からの候補者など）は補欠選挙に立候補することを禁止される可能性が色濃くなっている。今年始め、エドワード・リョンは、基本法に対する忠誠の誓いに署名したにもかかわらず立候補を拒絶された。

とはいえ、選挙に背を向けるという選択肢はない。台湾とシンガポールにおける民主派運動の例からも、議会に代表を送り込むことを完全に断念すれば、事態が一層悪化することは明らかだ。なにより、何のとがめも受けずに悪法を制定することを政府に許してしまうことになる。立法会は、たとえどれだけ不公平な闘いの場であろうとも、世界中の大部分の議会と同じように、権力を抑制してバランスをとるうえで重要な役割を果たしている。

六つの空席を埋める候補者の選出については、ふたつのシンプルな選出基準を提案したい。まず、候補者は野党陣営から幅広い支援を受けた人物で、奪い返そうとしている議席を占めていた元議員の政治方針を充分に代表できる者であること。次に、ぼくらの政治的要求が明確に表現でき、ぼくらの大義に対して市民の支援が促せるカリスマ性のある人物であること。

これらの補欠選挙は、単なる議席の継承プランではなく、パワフルな抵抗のシンボルとなる。民主派の代表を立法会に送り戻すことは、支配階級のエリートに強烈なメッセージを届けることになる。つまり、どれだけ議員を追放しようが、その都度、その議員とまったく同じような人物と置き換わるだけだ、というメッセージだ。

彼らもぼくら全員の資格を剝奪することはできない。

4．非暴力抗議活動に信を置き続ける

二〇一四年に、目に見える政治的成果を何も出せずに雨傘運動が終息して以来、市民社会は敗北感の克服に苦しんできた。活動に参加した若者は無力感と疲弊感に苛まれた。そして多くの者が、政治目標に到達する潜在的手段としての非暴力抗議活動を却下するようになった。

その一方で、より過激な抗議活動を主張する活動家は、強大な法の威力に挫《くじ》かれてしまった。エドワード・リョンのような活動家たちに起きたことは、若者たちに、警察隊に煉瓦を投げることをためらわせている。

民主化活動は行き詰まったかに見える。平和的な戦略も過激な戦略も、目的地にぼくらを近づけてはいない。今までとってきたどのような行動も、北京政府の態度をほとんど変えさせることはできなかった。

だが、だからこそ、非暴力陣営と本土派のグループが力を合わせることが必要なのではないだろうか。今後は街頭デモを、すでに投獄されている活動家やこれから投獄されようとしている活動家を支援する鬨《とき》の声にしようではないか。そうした活動家には、戴副教授のような非暴力の提唱者からエドワード・リョンのようなあらゆる手段をいとわない本土派の活動家までを含めるべきだ。どのような主義の活動家も、普通選挙の要求から政治的投獄への怒りの表明までを含め、理由があって街頭抗議デモを行なっている。政治的投獄はイデオロギーを問わずに襲いかかるモンスターだ。

5. 投獄された者の代わりを務める

ぼくは多くの支援者から、投獄された活動家を助けるために、手紙を書いたりソーシャルメディアで情報を交換したりするほかにも、できることがないかと尋ねられた。そんなときには、いつも同じ答えを返す。あなたの時間を寄付してください、と。

アレックスとネイサンとぼくのほかにも、いわゆる「NNTサーティーン」が投獄されており、メディアはぼくらのことを「13プラス3」と呼ぶ。ぼくらとの連帯を示すために、毎月一六時間、すなわち投獄された活動家一人につき一時間を、自分に適したボランティア活動に費やしてほしい。

この一六時間でできる活動の例には、次のようなものがある。政治活動のビラを道で配る、日曜日の抗議デモのブースを担当する、地域公開討論会で意見を発表する、友人や家族に選挙登録をするように伝える、など。民主派候補の選挙活動に参加することさえできる。

どんな政治運動も、身近なレベルの草の根活動に支えられており、そうした活動はあなたから始まるのだ。刑務所から出て街頭に立つことができる日がきたら、世の中をよりよくするために、マイクを握ったり群衆の先頭に立ったりして一生懸命活動している皆さんの姿が見られることを楽しみにしている。

6. より積極的な立場をとる心づもりをする

一九七〇年代末、台湾で民主化運動が流血の惨事をもたらした。独裁政権による抗議者に対する厳しい取り締まりが、いわゆる「美麗島《びれいとう》事件」を引き起こしたのだ。台湾では一九八七年まで戒厳令がしかれ、活動指導者たちは逮捕・拷問された後に処刑され、さらに多くの者が裁判にかけられて重い刑を科された。

運よく香港は、台湾や近隣諸国で起きたような流血の惨事を免れてきた——少なくとも今のところは。しかし政治の変化を要求するために支払わなければならない代償は、これから増大してゆくものと思われる。ぼくら一六名はみな投獄される前、非合法集会という有罪判決の刑罰は社会奉仕活動以上のものではないという前提のもとに活動していた。この前提がいかにすぐ覆されることになったか考えてみてほしい。

台湾では、美麗島事件後、さらに大勢の活動家が投獄され、政治活動を禁じられた。それを受けて、彼らの伴侶、友人、果ては被告側弁護人までが、投獄された議員に代わって選挙に立候補するよう求められた。

香港の活動家も、近いうちに似たような運命を辿るものと思われる。やがてあなたも、より積極的に活動家の代わりを務めるよう求められることになるかもしれない。その日が訪れたときには、準備万端整っているようにしておいてほしい。

整列せよ、刑務所長のお見えだ

11日目——2017年8月27日(日)②

収監以来一日置きの作業としてやってきたことだが、きょうも数人の受刑者と一緒に、一日の大部分を五六坪ほどある食堂の床掃除に費やした。掃除は朝食、昼食、夕食のあとに毎回行なう。

香港では二〇歳を少し超えた若者の大部分は両親と暮らし、中流階級の多くには住み込みのメイドがいる。ぼくの家も例外ではない。これほどの掃除をしたのは生まれて初めてで、これは人格形成に役に立つはずだと自分に言い聞かせている。

一日二回、すべてが申し分ない状態にあることを確実にするために、看守長が施設を回る。その際、全受刑者は、胸を突き出し、両手を拳状《こぶし》に握って一列に整列し、真っすぐ前を見つめて、視線を四五度上方に向けなければならない。この最後の規則には、首をかしげさせられた。ぼくはいつも、目上の人とやりとりするときには目を合わせるのが礼儀だと思ってきたからだ。だが、どうやらそれは間違いだったらしい。「相手を見上げるようにすると、希望に満ちているように見えるんだ」と看守が言った。

整列すると、看守長が叫ぶ。「点検だ。何か要求や苦情があるか?」もちろん、そんなことを口にしようとするものは誰もおらず、ただ「おはようございます、看守殿!」と答える。すると看守長は「おはよう」と応え、それに対してみな「ありがとうございます、看守殿!」と叫んで謝意を表すのだ。

刑務所の外にいる人たち、たとえば友人やクラスメートは、いつもぼくのことを「黃之鋒《ウォンチーフン》」と広東語のフルネームで呼ぶ。香港では、友人や知り合いをフルネームで呼び捨てにするのは普通のことで、過度に他人行儀とは見なされない。だがここでは、親しみを示すために、看守も受刑者もぼくのことを「フン・ジャイ」（おフン）とか「フン・ゴー」（フン兄）とか「アー・フン」（フンちゃん）などと呼ぶ。

壁屋懲教所ではみな、ぼくが誰であるかを知っていて、受刑者は囚人の権利について相談を持ち掛けてくる。ぼくが「有名人パワー」を使って、彼らの暮らしを楽にしてくれると思っているのだ。今夜も掃除が終わったあと数人が集まってきて、香港の刑務所運営に関する不満を口にした。

最大の愚痴のひとつは「リスト」が厳しすぎるということだ。懲教署は、面会に訪れる友人や家族が外部から物資を持ち込むことを許可している。だが、それは承認されたリストにある物だけだ。これには、ペン、ノート、カミソリ、フェイスタオルなどの生活必需品は含まれているが、タルカムパウダーやボディーローションといった基本的なパーソナルケア製品は含まれていない。

食堂でぼくの反対側に座った一〇代の若者には、もっと具体的な要求があった。他の少年刑務所は許可しているのに、壁屋懲教所は「写真集」（ヌードまたはセミヌードの女性の写真集）を許可していないという。「俺らは、刑務所間の不平等と闘わなけりゃならないな！」こう冗談を言ったあと、彼は続けた。「でも、もっと真面目な話をすると、逮捕されたあと、パトカーのなかでひどく殴られたんだ。警察車両にカメラを取り付けるように圧力をかけてくれないかい？」

ティーンエイジャー対社会

14日目──2017年8月30日(水)

きょうも分厚い手紙の束が届いた。一部は香港衆志から、一部は香港と外国の支援者たちからだ。郵便物を受け取るのは、両親や友人の面会を除けば、一日のなかで一番嬉しい出来事だ。

そのうちの一通はカナダに住む香港人からのものだった。それを読んで、香港民主同盟と民主党を創設した「民主化の父」と呼ばれるベテラン活動家のマーティン・リー（李柱銘《りちゆうめい》）、および香港記者協会元会長のマック・インティン（麥燕庭《ばくえんてい》）とともに、最近トロントを訪れたときのことを思い出した。世界中を旅して各国の議会や大学生たちに香港の話をする自由を手にしていたのは、はるか昔のことのように思われる。そうした日々と刑務所での暮らしは、まさに天と地ほどの違いだ。

ここ二週間、ぼくは毎日同じ受刑者グループと過ごしてきた。このグループには三六人の受刑者がいる。ほぼ香港の中等学校のクラスと同じ規模だ。最初ぼくは緊張した。ひとつには、体中に入れ墨を彫った街のチンピラ風の若者たち（近寄らないようにと親から言われるタイプの若者）がいたからだが、もうひとつには、この刑務所にいる大部分の受刑者は、麻薬密売、強盗、傷害といった重い罪で投獄されているからだ。だがひとたび知り合うと、彼らはみな誠実で、付き合いやすい人物に見える。人を見かけや過去の経歴などで判断することの誤りを自覚させられた次第だ。

彼らには共通項がひとつあるように思える。みな自分の過去を自慢したがるのだ。暴力団で自分が操っていた売人の数、縄張りの大きさ、それを守り拡大するための激しい争いなどを自慢しあって、いつも相手を負かそうとする。ときには、抗争話があまりにも誇張されて突拍子もないものになることもあり、そんなときぼくはあきれて目を天井にやり、耳を貸さないようにしている。

　それでもぼくは、そもそもなぜ彼らが暴力団に入ることになったのかを理解しようと努めている。彼らには共通した背景があることが多い。家族とうまくいかず、中等学校の第三学年（九年生）のあとドロップアウトし、「悪い連中」とつるむようになったのだ。彼らの話は目からうろこで、いかに物を知らなかったか自覚させられる。そうした話を通して、青少年犯罪者に対するぼくの印象は完全に変わった。彼らはあまりにもしばしば、凶暴で危険な連中として主要メディアに描かれる。だが実際には、ぼくとまったく変わらない若者たちなのだ。

　彼らはどんなティーンエイジャーとも同じように雑誌をめくり、本に鼻をうずめて毎日を過ごす。多くの者は、高名な活動家、立法会議員かつベストセラー恋愛小説の作家であり「鄺神《こうしん》」というあだ名で呼ばれているロイ・クォン（鄺俊宇《こうしゅんう》）の熱烈なファンだ。ネイサンとぼくがロイと密接に活動していることを知ると、受刑者はみな、彼はどうやってあれほど胸がえぐられるような恋愛小説を思いつくのかと訊いてくる。だが、そうした質問の答えは「神」本人から聞くのが一番いいと思う。

　ぼくはロイが好きだし彼の小説にも敬意を払っているが、それでも一番好きなのは日本の漫画とテレビゲームだ。それらはぼくの罪深き愉しみである。大人気の日本の漫画『ワンパンマン』〔ONE《ワン》が二〇〇九年からネット上で連載し大人気を博した漫画。リメイク版の作画は村田《むらた》雄介《ゆうすけ》で、二〇一二年から『となりのヤングジャンプ』で連載中〕を貸してくれと受刑者に頼んだときには驚かれた。日本のアニメの不朽の名作で、日本版の『スタートレック』とも言える『機動戦士ガンダム』に傾倒していることも話した。そのあとは、ぼくが自慢話をする番だった。買ったばかりの新しいプレイステーション4が、家でぼくの帰りを待っていると。

　ときおり会話はもっと真面目な内容になって、受刑者が香港の教育制度に不満をこぼすことがある。

ある若者はこう言っていた。「学校の成績がいい子は、ここに入れられたりしない。逆に、ここに入れられる子は絶対に学校ではうまくやれない。あとのほうのグループにすき好んで加わるようなやつはいないさ。このふたつのグループは絶対に交わったりしないから、俺らはふたつの違う星に住んでるようなもんだ」

彼の言葉は、ぼくにこの問題を深く考えさせるきっかけになった。香港の教育制度は、競争を激化させ、成績に執着させることで悪名高い。多くの子供たちが置き去りにされるが、一旦この教育システムから脱落してしまったら、落ちこぼれた子をこのシステムに戻そうと手を差し伸べる者はいない。そうした子は、政府の単なる統計の一部、そして恐怖をあおろうとするマスコミの話のネタになる。マスコミは「大規模麻薬取締で一〇代の少年逮捕」とか「地下賭博場で暴力団の若者を一斉検挙」などといったセンセーショナルな見出しを付けて報道する。こうした新聞の見出しを見ると、大部分の人はうんざりして首を横に振りながら、次のページをめくるだろう。そしてこうした子供たちがその後どうなったかについては、知らないままになる。だが、彼らはどこに行ったのか。そして、どこに行けるのか。

つい昨年、ネットフリックスは『ジョシュア――「ティーンエイジャー」対「大国」』〔邦題は『ジョシュア：大国に抗った少年』〕というドキュメンタリーを公開した。しかし香港の貧困地域では「「ティーンエイジャー」対「社会」」というストーリーが連日繰り広げられている。にもかかわらず、それを気にとめる者はいない。

行進初日

15日目――2017年8月31日（木）

きょうは、恐れていた朝の行進の初日だった。ぼくはオタクで痩せっぽちな香港の中等学校生だ。ほとんどすべての空き時間を、テレビゲームで遊ぶことと日本のアニメを観ることに費やしている。外に出ることはあまりない。今まで運動が得意だったことは一度もないし、とくに機敏というわけでもない。恥をかいたり怪我したりしないで行進を終えられたら御の字だ。

だがこうしたことすべてを考えると、今朝はうまくやれたと思う。右に曲がるところを何度か左に曲がってしまったことを別にすれば、何とか持ちこたえることができた。これから何年も経って壁屋懲教所での日々を振り返ったとき、行進を懐かしく思うようになるかもしれない。それはともかく、今のぼくの戦略は、鬼軍曹の目につきにくい二列目にもぐりこむことだ（実際、受刑者は行進時間になると中庭に大急ぎで駆けつけて、二列目の場所を奪い合う）。

行進がうまくいったのは、この慌ただしい日の始まりには好都合だった。きょうは、面会者が目白押しだったからだ。まず立法会議員のチャールズ・モック（莫乃光《ばくだいこう》）とアルヴィン・ヨン（楊岳橋《ようがくきょう》）の訪問を受けたあと、法的支援担当者が、再検討して署名することが必要な書類を持ってきた。次に両親が面会に訪れてから、レスター・シャム（岑敖暉）と立法会議員のエディー・チュー（朱凱廸《しゅがいてき》）がやってきた。

エディーは訪問を終える前に、ぼくの目を見つめて言った。「チーフン、自分が刑務所にいると思ってはだめだ。塀の外にいると思うんだ」彼が言おうとしていたことは、よくわかった。エディーは、ぼくが政治囚であること、そしてたとえ分厚いガラスの反対側にいても、外の世界に違いをもたらす手段はたくさんあるということを思い出させたのだ。

エディーの言葉はぼくを元気づけ、壁屋懲教所の外の世界のことを考えさせた。何と言っても、ぼくらはソーシャルメディアの時代に暮らしており、即時に情報を拡散させることができる。一般の人々にメッセージを届けたいと思えば、面会者に伝え、ぼくの代わりにフェイスブックやツイッターで拡散してもらえばいい。

フェイスブックについて言えば、香港衆志から、党に関する出来事についていつもより長い手紙を受け取った。それには、友人や仲間がぼくのフェイスブックのウォールに載せた投稿のスクリーンショットが含まれていた。ソーシャルメディアの内容をスマホではなく印刷された用紙で見るというのはシュールな体験だったが、それはまさに願ってもなかったことで、ぼくのフェイスブック禁断症状を一時的にとはいえ和らげてくれた。

蛇足だが、少年刑務所はプロパガンダに溢《あふ》れている。どの教室にもパソコンルームにも共用スペースにも、「知識は運命を変える」だとか「よりよい明日に向かって改心しよう」などといったスローガンが貼られているのだ。刑務所のポスターには必ず同じ蝶のモチーフが描かれている。看守の一人にその意味を尋ねてみたところ、看守は誇らしげに、蝶は変身を表しているのだと答えた。青少年犯罪者はイモムシのようなもので、刑期が終わるころには美しい蝶に変身するのだという。ただし、自ら進んで更生すれば、という注釈が付く。だから、刑務所のプログラムに従いさえすれば、社会に再び戻ったときには、翅《はね》を広げて空に飛び立てるというわけだ。

この比喩に気づいている受刑者はどれだけいるだろう。

心からの手紙

16日目──2017年9月1日（金）

きょうは手紙を四〇通受け取った。新記録だ。送り主は、大学生や教授、『ウォールストリートジャーナル』の記者、オーストラリア在住の香港人など、ありとあらゆるバックグラウンドを持つ人々で、二〇一四年の大規模抗議の真っ最中に息子を出産した若い母親からも届いた。彼女は息子を「雨傘ベビー」と呼んでいるという。

支援者が明かしてくれる個人的な話を読むのは本当に愉しい。ある母親は、ぼくを元気づけるため、息子にトランスフォーマーの絵を描かせたのだが、後になって、トランスフォーマーとぼくが好きなガンダムを混同してしまっていたことに気がついたという。ある父親は、五人家族全員を初めて街頭デモに連れて行ったこと、そして地下鉄の駅がいかに混んでいたかを綴ってくれた。自称「ノンポリの中流市民」は、かつてＴＶＢのニュースは王道を行く報道機関だと思っていたが、雨傘運動を通じてより批判的な目を持つことを学び、香港の主要メディアの報道を鵜呑《うの》みにしないようになったと書いてきた。あるフェイスブックのフォロワーは、「勇気の紋章」（アニメ『デジモンアドベンチャー』のアイテム）にしっかりしがみつくようにとぼくを促し、とくに思いやりのある支援者は、ぼくの母がキャリー・ラム（林鄭月娥）行政長官に送った公開書簡を印刷して送ってくれた。母はこの手紙をオンラインのニュースポータルＨＫ０１で公開し、刑事司法制度を利用して若者を黙らせるのを止めて、若者たちの声に耳を傾けるようにと行政長官を促したのだった。

これらの手紙は、雨傘運動の最も偉大な成果、すなわち政治的覚醒の証《あかし》だ。この言葉はあまりにも使われすぎて本来の意味の大部分が失われてしまったが、雨傘運動が一世代の香港市民を自らの存在に関わる問題について、昏睡《こんすい》と政治的無関心の状態から揺り起こした事実については、否定できる者も疑義を挟める者もいない。二〇一四年に起きた七九日間に及ぶ集団抗議運動がなかったら、ペンを執って、塀の中にいる二〇歳の若者に手紙を書こうとする者はいないだろう。ぼくや投獄された他の活動家に寄せられた支援の波は、自由を愛する香港人の心に種が植え付けられ、機が熟したら芽を出そうとしていることを示している。

これらの手紙はまた、ぼくが繰り返し問われることへの答えでもある。すなわち、香港人が二〇一四年にあれほどのことを経験し、その後、無力感と絶望感に襲われたなか、中心的活動家のぼくは、いったいどうやって市民を奮い立たせ、ともに闘わせようとしているのかという問いだ。

その答えはこうである。社会を勇気づける唯一の方法は、本物の犠牲を払って、口先だけでなく行動で証明することだ。「13プラス3」の活動家が収監という重い十字架を背負うことは、香港に対するコミットメントの証拠であり、ぼくらは単なるスローガンとレトリック以上のものであることを示している。寄せられ続ける心からの手紙は、ぼくらの努力が無視されてはいないことの証拠だ。

出所の日を指折り数える

18日目――2017年9月3日(日)①

日曜日には授業も仕事もない。受刑者がつま先の開いたサンダルを履ける唯一の曜日でもある。ぼくにとってゴムサンダルは、リラックスできる時間を象徴するものになった。

今朝ぼくらは、食堂で自分のしたいことができる自由時間を数時間与えられ、午後には教室内で、さらなる自由時間が与えられた。ほとんどの受刑者はテレビを観ることを選んだ。それは実質的に少年刑務所唯一の娯楽である。それ以外の者は、何とはなしに新聞や本を手に取った。

非常にのろのろとした会話の中で、ある受刑者が言った。もし出所日がたまたま日曜日か祝日に当たったら、一日早く出所できるという。このちょっとした刑務所情報を耳にするやいなや、ぼくは首にかけている認識票をチェックした。そこに出所日が記入されているからだ。そして発見したのだ。模範囚であることを前提としたぼくの予定出所日一二月一七日は日曜日であることを！　一日分「節約」したという思いに、ぼくは有頂天になった。でも、まだ笑みも消えないうちに気づいたのだった。そんなにうまくはいかないと。おそらく、ぼくが起訴されているもうひとつの罪状の法廷侮辱罪により、出所日は、数カ月とまではいかないにしても数週間は遅れるだろう。

ぼくの法廷侮辱罪の公判はいまだに九月中旬に予定されている。罪を認めれば（弁護人はそうするように勧めた）、おそらく三カ月の禁錮刑になる。そして模範囚になってその三分の一が減刑されれば、刑期は二カ月になる。もしそうなれば、出所日は二月一六日だ。もう一度チェックすると、嬉しいことに、二月一六日は旧正月の法定祝日だった。というわけで、いずれにせよ、一日分のディスカウントは手に入れられそうだ。

それでも、旧正月（感謝祭やクリスマスに匹敵する祭日）の前夜を家族とともに過ごせないという思いは高揚感に水を差した。

カレンダーを見ると、二月一六日はこれから一六六日後で、二四週間を少し下回る。少年刑務所でさらに六週間、そして成人の刑務所で一八週間過ごすことになるが、日数を週単位で考え、二一歳の誕生日を境とするふたつの部分に分けて考えると、少し気分が楽になる。

きょうは面会者がいなかったので、ただでさえ長い一日がさらに長く感じた。唯一の慰めは、アレックスが獄中から『アップルデイリー』紙に送った手紙を読んだことと、午後四時に郵便物を受け取ったことだ。

アレックスの手紙には、投獄された他の活動家が感じていること、あるいは少なくとも、感じるべきだとみなされていることが記されていた。つまり、権力者は収監者の肉体を閉じ込めることはできても、その精神まで閉じ込めることはできないということである。正直に言うと、アレックスの言葉は、口で言うほど簡単に実行できることではない。目覚めたときにぼくがまず思うのは、両親と友のことだ。

同じくらい辛いのは、手を出すことができない食べ物の宣伝をテレビや新聞で見ることだ。刑務所の食事はあまりにも味気ないので、半分も食べられずに腹をすかして寝ることがよくある。コーヒーやコーラが一口飲めたらどんなにいいか。そして、寿司、ステーキ、ワンタン麺が一口食べられたら。

国際社会に向けた公開書簡

18日目——2017年9月3日(日)②

香港のことを気遣ってくださる世界の友へ

　壁屋懲教所に収監されてから、二週間以上経ちました。刑務所の中にいても、国際社会、とりわけ世界中の人権保護団体と英国、アメリカ、ドイツの国会議員から寄せられる支援を肌身に感じます。こうした方々はみな「13プラス3」の投獄について懸念と憤りを表明してくれました。ぼくらはその恩を永久に忘れないでしょう。

　三年前ぼくは、香港に真の民主主義をもたらすという簡素かつ高潔な目標を抱いて、数十万人の勇敢な市民とともに香港史上最大の政治運動に加わりました。ぼくらは、公平でオープンな選挙を通じて自らのリーダーを選出するという、憲法に規定された権利の行使を求めたのです。

　ところが中国本土の政府によって据えられ、その指示を受けている香港政府は、ぼくらの要求を無視したどころか、活動家の多くを逮捕して非合法集会の名のもとに告訴しました。ぼくも告訴された一人です。長期にわたる裁判のあと、動機に私心がなかったこと、および一般に容認されている市民的不服従の原則に鑑み、下級裁判所はぼくらに社会奉仕活動を命じました。

　しかしそのあと事態は不吉な展開を迎えました。ロイター通信社の調査報告によると、公正な選挙を経ずに選ばれたキャリー・ラム（林鄭月娥）行政長官により任命された律政司司長のリムスキー・

ユエン（袁國強）が、自らの検察委員会が推奨した社会奉仕活動命令を覆し、政治的動機のもとにぼくの判決を上訴する決定を下したのです。この上訴は、高等法院に受理されました。高等法院の判事は、親中派の団体が催した行事に出席しているところを写真に撮られた人物です。この判事は結果的に、政治的行動主義という「不安な傾向」に止《とど》めを刺す必要があるという理由で、ぼくの量刑を重くして六カ月の禁錮刑に変えたのでした。

最近まで、非合法集会という罪状は地域の暴力団員を告訴するときにのみ適用されていました。今や真の「不安な傾向」とは、抗議者を黙らせて香港における民主化運動の火を消すために組織犯罪用の道具が使われるようになったことだと、ぼくは信じています。ごく最近まで、市民的不服従運動の参加者に対して下される判決は常に社会奉仕活動でした。「13プラス3」に下された禁錮刑は、香港における政治活動が支払う代償を大幅に増加させる、もうひとつの「不安な傾向」です。

明日おそらく、戴副教授、陳健民副教授、および朱耀明牧師の三人は、雨傘運動をもたらした市民的不服従運動「中環占拠」で指導的役割を果たしたことにより投獄されるでしょう。彼らの収監も、香港における集会の自由などの基本的権利が急速に蝕まれていることを示す証拠です。

かつて「政治囚」という言葉は、中国国内で反体制活動家が検挙されて投獄される恐ろしいイメージを呼び起こしました。そんな言葉が今や、世界有数の自由経済圏である香港に使われるようになったとは信じがたいことです。中国政府の影響が香港の隅々にまで浸透して香港人の自由と暮らしを脅かすようになるにつれ、政治囚の数は増加の一途を辿るでしょう。もはや国際社会は傍観して、香港ではふだん通りの生活が続いているというふりをすることはできません。何らかの手を打つことが求められています。

残念なことに、世界第二の経済国家を相手に、その行為の責任をとらせようとする外国政府はほとんどありません。たとえば、英国の外務・英連邦大臣ボリス・ジョンソン氏（原注　二〇一九年に英国首相に選出された）が公表した最新の『香港問題半年報告』は失望させられるものでした。ぼくの例が示すように、活動家に政治的迫害が加えられているにもかかわらず、同大臣は「一国二制度」の枠組みが「良好に機能している」と結論付けたのです。「香港問題に関する中英共同声明」の署名者として、英国には、かつての臣民を擁護し、香港人に代わって声を上げる道義的および法的義務があります。

一方、香港の民主化運動を毅然《きぜん》と支援してくれている西側の個人や団体がたくさんあることも付け加えておかねばなりません。ぼくらの名前が「歴史に刻まれることになるだろう」と語ってくださったクリス・パッテン氏に、ネイサン、アレックス、ぼくは大いに勇気づけられました。『ニューヨークタイムズ』紙のある編集者は、ぼくら三人はノーベル賞にノミネートされるべきだとまで示唆してくれています（原注　二〇一八年二月、ジョシュア・ウォン、ネイサン・ロー、およびアレックス・チャウはノーベル平和賞にノミネートされた。そのうち最年少は、当時二一歳だったジョシュアである。この三人は香港で初めてノーベル平和賞にノミネートされた人物になった）。こうした言葉には襟を正させられます。しかし歴史に刻まれるべきは、香港の若者世代を目覚めさせた雨傘運動です。そしてノーベル賞に値するのは、独裁主義の超大国に後押しされた非妥協的な政権に勇敢に対峙《たいじ》したあらゆる香港人であってしかるべきです。

一四億人を擁する中国人民共和国（実に、地球の全人口のほぼ五人に一人が中国人です）に比べれば、七五〇万という香港の人口は微々たるものでしかありません。しかしぼくらは、数で足りないところを、決意と根性で補っています。香港人は日々、自由への渇望、そして自らの子供や孫に民主主義をもたらすという義務感に導かれています。この道を辿るかぎり、ぼくらは常に正しい側の歴史に留まることでしょう。

香港は小さな場所かもしれません。でも、そこに住む人々の決意は決して小さくはないのです。

去年のきょう、ぼくは立法会で票を数えていた

19日目——2017年9月4日(月)

きょうの郵便物は、またもや個人記録を塗りかえた。手紙の数においてではなく、その重さにおいてだ。弁護人から、二週間前に判決が下されてからのぼくのフェイスブックページと香港衆志のグループページ、合わせて二九一ページのプリントアウトが届いたのだ。

「ハードコピー版のフェイスブック」(これは言葉の矛盾に近い!)を楽しむことになるなどとは夢にも思っていなかったが、ぼくは今まさにそれをこよなく愉しんでいる。これを読むと、ふたたび外の世界とつながったような気がする。実は、フェイスブックを毎回印刷して持ってきてもらおうかと思ったこともあったのだが、あきらめていたのだ。その理由は、手間と時間がかかることがひとつ(香港衆志の党員はそうでなくても時間がなく人手も足りない)だが、もうひとつは大量のフェイスブックの投稿を印刷したりしたら、あまりにも多くの樹を殺してしまうことになるからだ。きょうのように、ときおり訪れる嬉しいサプライズを楽しみにすることにしよう。

刑務所に届けられる手紙と刑務所から送られる手紙は、すべて開封されて、看守に検閲される。表むきの理由は、隠された薬物がないかどうかの検査というものだが、当局を転覆させる計画や受刑者間の陰謀といった不正なメッセージがないかどうかもチェックしている。

ただし、立法会議員のような公的な地位にある人物に送る手紙、およびそのような人物から届いた手紙は例外だ。その場合、封筒は手紙の受取人以外によって開封されることはなく、読まれることも

ない。配達も速達になり、通常一週間かかるところが二日で届く。送り主は切手さえ貼らなくていい。

これはちょっとした抜け穴で、ぼくは大いに活用させてもらっている。切手代も節約できるし、センシティブな物事についてやりとりするときに安心だからだ。このいわゆる「信書便」を頼むたびに、看守はブツブツ不満を言う。だが、たとえ彼らが好もうが好むまいが、ぼくは一週間に最低二回は信書便を送ろうと決めている。

あらゆる信書便は受付室を通る。受刑者が薬物などの違法物質をこっそり持ち込むことがないように、信書便の受け取りや発送の際には、必ず尿検査を受けなければならない。受付室はロッカールームに毛が生えたようなところで、簡単な文書業務が行なわれ、看守が待機してゴシップを交わしている。きょう、尿検査を受けるために受付室で待っていたとき、壁に留めてあったカレンダーに目がいった。きっかり一年前のきょう、二〇一六年九月四日は、ネイサンが香港島選挙区で五〇八一八票を集め、香港史上最年少の立法会議員という歴史を作った日だ。香港と外国の取材記者たちがジリジリしながら外で待つなか、ぼくらは立法会の開票所で歓声を上げ、喜びの涙を流したものだった。あの歴史的な勝利の数カ月後に、ネイサンが議席を失い、彼もぼくも刑務所に収監されることになるとは、誰も予想だにしていなかった。

ネイサンもきょうが記念日であることに気がついているだろうか。今夜、彼の脳裏をよぎるものは何だろうか。

単調で味気ない食事

20日目——2017年9月5日(火)

日誌を付け始めた日から、友人や家族が、刑務所でぼくが食べているものについてきっと興味を抱いているだろうと思っていた。そんなわけで、朝食、昼食、夕食に何を食べたか、毎日必ずメモをとるようにしてきた。

だが、献立の記録は、二週間経ったころやめた。メニューは毎週毎週同じで、まったく変わらないことがわかったからだ。

曜日	朝食	昼食	夕食	夜食
月	ポーク きゅうり	甘い粥 バター付きパン	チキンウィング 野菜	レーズン ロールパン 牛乳
火	ビーフ 野菜	甘くない粥 ジャム付きパン	魚、卵 野菜	レーズン ロールパン 牛乳
水	チキンウィング きゅうり	甘い粥 バター付きパン	魚 野菜	レーズン ロールパン 牛乳
木	ポーク 野菜	甘くない粥 ジャム付きパン	チキンウィング 野菜	レーズン ロールパン 牛乳
金	ビーフ きゅうり	甘い粥 バター付きパン	魚、卵 野菜	レーズン ロールパン 牛乳
土	チキンウィング 野菜	甘くない粥 ジャム付きパン	魚 野菜	レーズン ロールパン 牛乳
日	ビーフボール きゅうり ミルクティー	湯葉粥 バター付き ロールパン	魚、卵 野菜	レーズン ロールパン 牛乳

「行儀の悪い」スピーチ

22日目——2017年9月7日(木)

きょうの各紙のヘッドラインはおしなべて、政府が提出した国歌に関する法案を取りあげている。中国政府は四日、中国国歌『義勇軍行進曲』の商業的利用やパロディーを犯罪行為とみなすという法案を発表した。国歌を「意図的に侮辱」したことが発覚した者を、三年未満の禁錮刑に処すという。

この法案は、香港における言論の自由に対するさらなる侵害だ。二〇一二年に学民思潮が阻止した「国民教育」カリキュラムと同様に、これも愛国心を法制化しようとする政府の最新の企てである。それは二〇一二年には成功しなかったが、今回も成功しないだろう。

悲しいことに、立法会は親中派に多数を占められるため（とりわけ民主派議員を追放した最近の「宣誓ゲート事件」のあとでは）、政府は市民の意見聴取期間が終わるや否や法案を通すのに十分すぎる票を握っている。

新聞数社は、人々の注意を惹き広く賞賛された、ひとりの生徒のスピーチについて報道している。それはある中等学校の始業式において、同校の生徒会会長を務める一七歳のティファニー・トンが全校生徒に向けて演説したもので、彼女は闘志を抱いて国家論争に参戦したのだった。

国旗に背を向けるといったような、若者が政府に対して不満を表す方法は、行儀が悪い不謹慎な態度だとよくみなされます。

もちろん、私たちも礼儀が大切であることは知っています。毎日そう学校で教えられているのですから。でもまた、道義や信念が大切であることも知っています。

多くの大人たちにとって、私たちは行儀が悪く反抗的で、非現実的な若者に映るでしょう。でも、世間通念に挑んで妥協を拒むという私たちの態度は、まさに若者につきものの態度だと世間でみなされています。もちろん、そうするなかで間違いや挫折も起こることでしょう。でも私たちは、そうした間違いや挫折を経験することにより、より強く、よりよい人間に成長できるはずです。


ティファニーの言葉は素晴らしい。香港の次の世代が抱いている感情を見事にまとめている。ますます増大する社会的不公平と中国共産党による政治的弾圧に直面するなか、若者はそれらに屈して理想を安直で現実的な物事に引きかえてしまうことを断固として拒んでいるのだ。安全な場所に身を隠して「行儀のいい」生活を送る大人たちにひきかえ、若者たちは、問題を阻止するために声を上げて、そうした生活を危険にさらす道を選んでいる。

ぼくは新聞で読み知ったこの一件から大きな勇気を得た。香港衆志を結党するために学民思潮を解散したとき、一〇代の若者という次世代の活動家たちを鼓舞する重要な足場を手放してしまうことになるのではないかと心配したメンバーがいたが、ティファニーはまさにそうした心配が杞憂だったことを示す証だ。

〝フレキシブル〟な政治家

24日目――2017年9月9日(土)

きょうは、香港衆志のメンバー三人が面会に訪れた。話の主な内容は、来《きた》る立法会補欠選挙のことだった。立候補の締め切り日が近づくにつれ、ぼくらは誰を候補者に立てるかについて意見をまとめる必要に迫られた。その答えは対立候補に左右される。

ぼくらの主な対立候補は、体制寄りの新民党（NPP）のジュディ・チャン（陳家珮《ちんかはい》）だ。チャンはオーストラリアで教育を受け、アメリカで職を得てから、香港に戻って政界に入った。最近の取材でチャンは、立法会選挙に立候補することには夫が反対していた、と語っていた。その理由は、選挙活動がもたらすストレスに加えて、立候補するにはアメリカの市民権の放棄が要求されるかもしれず、そうなると、将来娘がアメリカで大学に進学する際に困難をきたす可能性があるからだという。

新民党は財界エリートの党で、党員は香港上流階級の出身者たちだ。彼らは愛国的な言論で中国共産党に取り入りながら、潜在的な脱走手段となる外国籍のパスポートを手放さない。海外に豪邸を所有し、香港の教育制度の劣化から守るために子どもたちを西側諸国の大学に送る。こうしたことは、中国政府による雨傘運動指導者や民主派活動家たちに対する非難、すなわち、ぼくらは「外国勢力」の影響を受けているという非難を、よけい皮肉に思わせる。彼ら「愛国者」のほうが、ぼくらの誰よりも、よほど外国と深いつながりを持っているのだから。

二〇一四年の香港区議会補欠選挙に立候補した際、チャンは退任する区議会議員（民主派の政治家）のことを、立法会選挙に出馬するために地元の選挙区を見捨てたとこき下ろした。そしてそのとき、自分は地域の問題に集中し、立法会議員になる野心などまったく持っていないと有権者に約束した。その約束のもとに、補欠選挙に勝利したのである。

その二年後、宣誓ゲート事件によるチャンスの到来を目にした彼女は、自らの約束を反故《ほご》にして立法会の補欠選挙に参加することを何とも思っていない。彼女に投票した者たちは、この心変わりを、どう見ているだろうか。

中国製のラジオ

25日目――2017年9月10日(日)

二週間前、ぼくは苦労して稼いだ金の一部を使ってFMラジオを注文した。

そのラジオがきょう届いた。香港電台（原注　公共放送局。略称RTHK）のリスナー電話参加型時事問題番組「オープンライン・オープンビュー（自由風自由PHONE）」を楽しみにしていたぼくは、ワクワクしながら箱を開けた。てっきり他の受刑者が備品注文書を使って最近買ったのと同じソニー製のラジオが入っていると思っていたら、それは中国製のコピー製品だった（ソニーは最近ラジオの製造を中止したことを後になって知った）。中国製でも、それが動くのなら構わない。でも監房に戻って電源を入れたときに聞こえたのは雑音だけ。ドアの鉄の枠から手を伸ばして、ラジオをできるだけ遠ざければ電波を少し受信することはできたものの、そんなふうにラジオを聞くわけにはいかない。

そんなわけで、無能なラジオはしまって手紙を読むことにした。その中の一通は、セニア・ンー（呉思諾《ごしだく》）からのものだった。彼女は若き法廷弁護士で、父親は香港で最も早く結成された政治団体の流れをくむ政党「民主党」の共同創設者の一人だ。セニアは五〇ページ以上に及ぶ「国歌法案」に関する記事、アレックスが獄中で綴った文章、それに数独と「ジャンブルパズル」（一九五四年にアメリカで考案されて親しまれている英語の単語ゲーム）まで送ってきてくれた。

ゲームについて言えば、今朝ぼくは休憩所で数人の受刑者とピンポンをやった。ピンポンは週に何回かプレーしている。ぼくは運動オンチで、学校でもスポーツは嫌いだったが、ピンポンのラケットを握って何とか持ちこたえることができた。これほど運動したのは初めてだ。母が見たら、さぞかし誇らしく思うだろう！

いくらもらえるんだい？

27日目——2017年9月12日(火)

本を読んでいると時間が早く過ぎる。両親は面会のたびに努めて新しい本を持ってきてくれるし、友人も読むべき本のリストを送ってくれる。

今はちょうど中国の反体制派作家、許知遠の『抗争者』と、陳翠蓮《ちんすいれん》、呉乃徳《ごだいとく》、胡慧玲《こすいれい》による三巻物の『百年の追求——台湾の民主運動物語（百年追求——台湾民主運動的故事）』を読み終えたところだ。これから小熊英二《おぐまえいじ》の『社会を変えるには』〔講談社現代新書、二〇一二年〕を読むのを楽しみにしている。これは今年初めに東京を訪れたアグネスを介して、二人の若い日本人大学教授から贈られた本だ。

大部分の受刑者は図書室にあるものなら何でも読む。といっても、そのほとんどは週刊誌、恋愛小説、漫画だ。ぼくは真面目で分厚いノンフィクションを抱えていることがわからないように気をつけて歩く。料理雑誌をパラパラめくるのも楽しいだろうとは思うが、そうしたら、ちゃんとした食事が食べたくてたまらなくなってしまうだろう。日本の漫画『ワンパンマン』は罪深い愉しみを満たしてくれる。この漫画は、他の受刑者と溶け合うのにも役立っている。

過去五年間、ぼくは政治家や活動家のサークルに出入りしていた。こうしたサークルは世間知らずになって、一般の人々からかけ離れたように見える言動をとってしまうことがある。ぼくは今、仲間の受刑者とつながれるように意識的に努力しているが、世間の仕打ちに対する受刑者の不満を聞くと、視野が広がって現実的になることができる。

複数の受刑者がぼくにこんな質問をしてきた。「政治のことをやると、いくらもらえるんだい?」当初ぼくは、外国政府に買収されていると非難され、挑発されているのかと思った。だが徐々に、そうした質問は率直なものであることがわかった。大部分の人にとって、まともな人間が刑務所に入れられるほどの危険を冒す理由は、金しか考えられない。だからぼくはただ笑みを浮かべて「金がもらえたらよかったのにね!」と答える。それでも、誰もぼくを信じない。自分は何も見返りを求めずに他人を助けるために進んで時間を差し出す人間なんだ、と言うことも考えた。だが、ぼくが本当に言いたいけれども独善的に聞こえるのを恐れて言わないことは、こうだ。ぼくが政治の世界に足を踏み入れた唯一の目的は、世の中をよくするためだ。ぼくが活動している究極の理由は、ある日自分の子供たちや孫たちに向かって、おまえたちが大好きな都市にぼくは力を尽くしたと言えるようになりたいからである。そうできたら、世界中の金をもらうより満足できるだろう。

退屈バスターズ

28日目——2017年9月13日(水)

「フロンティアーズ(FronTiers)」は、ソーシャルワーカー、弁護士、記者が、苦境に立たされている活動家を支援するために設立したグループだ。グループは立法会議員のエディー・チュー(朱凱廸)とともに、「退屈バスターズ」と名付けた活動を開始し、「13プラス3」が刑務所生活における最大の敵とよりよく戦えるように、手紙や読み物を集めてくれている。最大の敵とは、時間のことだ。

きょうフロンティアーズから最初の小包が届いた。新聞の切り抜きとオンライン記事からなる三〇ページの書類の束だった。ぼくは毎日必ず『アップルデイリー』紙を読むようにしているが、政治に関する最良の分析と報告の一部は、独立したオンラインニュースからしか得られない。こうした小さいけれども重要なニュースは、高級紙では見過ごされてしまうからだ。

パソコンのプリントアウトの山を読み通すなどと聞くと、うんざりする人もいるだろうが、食堂で手が切れるような印刷物をめくったぼくは、「退屈バスターズ」ボランティアの温かい気持ちに感じ入っていた。刑期が少しでも早く過ぎるようにと、みなぼくのために手間ひまかけてくれたのだ。

ニュースの切り抜きで、ぼくが刑期短縮の上訴をする意向であることは、今や公知の事実になっていることを知った。一部の記事には、一〇月初旬までには保釈されるだろうと書いてあった。だが、はっきり書かれていなかったのは、その可能性の高さだ。弁護人たちはぼくの希望を実現しようと努力してくれているが、今のところ、一〇月までに保釈が認められる可能性は五分五分より低いと見ている。ぼくはこれまでと同様、政治家たちがよく言うように「慎重ながらも前向きに」構えるつもりだ。

あそこの高層ビルが見えるかい？

30日目――2017年9月15日（金）

きょうも、ずっしり重い郵便物を受け取った。ほとんどの手紙の日付は一週間以上前のもので、なぜぼく宛ての手紙の到着がどんどん遅れているのか不審に思った。だが、その理由は決して明らかにはならないだろう。

さて、きょうは、朝読んだふたつの記事のことを一日中考えていた。

最初のものは、『インティアム（端伝媒）』〔香港を拠点として中国語でニュースを発信するウェブサイト〕の記者、ヴィヴィアン・タム（譚蕙芸《たんけいいげい》）の記事。最初にヴィヴィアンと出会ったのは二〇一二年、反国民教育活動のときだった。それから五年が経ったが、彼女のペンはますます鋭さを増している。この『インティアム』の記事のなかで彼女は香港の民主化運動の進化を辿り、雨傘運動を、台湾の「二・二八事件」（原注　一九四七年に起きた反政府民衆蜂起。台湾の国民革命軍が中国国民党政権の代理として市民を弾圧した。二万人を超える市民が殺害され、さらに多くの市民が負傷し投獄された。この事件の後、三八年間にわたって続く「白色テロ時代」の引き金になった戒厳令が発令され、その期間に何万人もの台湾人が投獄され、失踪し、命を落とした）や韓国の「光州事件」（原注　戒厳令に抗議していた学生の弾圧に対して一九八〇年五月に起きた民衆蜂起。二〇〇人以上とされる市民が殺害されたが、その大部分が学生だった）をはじめとするアジアで起きた類似の社会変革的な出来事と比較している。この二つの事件は両方とも流血を招いた民衆蜂起で、結果的に台湾と韓国の民主化をもたらすことになった。

台湾も韓国も香港に近く、香港人にとって最も人気のある旅行先であるにもかかわらず、彼らの歴史についても、彼らがいかにして今日の近代的な民主制度を打ち立てたのかについてもほとんど知らない香港人が大半だ。正直なところぼくも、当然そうあるべきほど精通しているとは言えない。両親に頼んで、次に来るときに参考になる本を持ってきてもらうつもりだ。

もうひとつ考えさせられた記事は、ハー・ムック・ムックというペンネームで記事を書いている新規コラムニストのものだ。「香港を去ったことを許して」と題された記事のなかで、彼女は雨傘運動の最初の夜を思い出し、高速道路全体が民主化を求める抗議者に占拠された光景を見てよぎった複雑な心境を吐露している。

香港が完璧でないことはわかっている。社会的不正や都市の悪弊も、もちろんそれ相当に抱えており、ときには一日を無事に過ごすことさえ難しいこともある。だが、たとえどれほど目まぐるしい街路や聳《そび》える高層ビルの中で迷おうとも、その美しさに対する感嘆の念が薄れることはない。

今夜はどこを見ても、勇気と想像力と希望が満ち溢れている。それはここで暮らした二〇年間には一度も目にしなかったものだ。香港よ、あなたは美しい！

正直に言うと、その美しさは長続きしないのではないかと心配している。急いでこのイメージを画像に残しておかなければならない——カラフルな壁のメッセージが洗い流され、テントがたたまれ、車が戻ってきて、人々が道路からいなくなってしまう前に。そして、道で会う見知らぬ者同士がもはや挨拶を交わさなくなってしまう前に。

高速道路の分岐道で、ある男が私に言う。「あそこの高層ビルが見えるかい？　あれは本当の香港の姿じゃない。下にいる群衆が見えるかい？　これが本当の香港の姿さ」

受刑者に対する虐待

32日目——2017年9月17日(日)

日曜日にはたいして何も起きない。みな一日の大部分をだべって過ごす(広東語で言う「吹水《チョイソイ》」だ)。ふつうはみな何のテーマもなしに雑談しているのだが、ぼくは話の流れを受刑者虐待というトピックに向けようとしてきた。そうすれば、ボトルに有益な情報が渡せるからだ。彼にそうすると言った以上、約束を果たしたい。これはセンシティブなテーマだから、すぐに看守のチェックにひっかかる。看守たちは受刑者の話を嗅《か》ぎまわって、聞き耳を立てているのだ。だが、たとえ当局がどう思おうが、この問題に取り組むことを決めたのだから、仕返しを恐れて止《や》めるようなことをするつもりはない。

受刑者の福祉を担当している懲教署の社会復帰担当部が即座に否定し、ボトルがアプローチした当局のほぼ全員が反論したものの、香港の刑務所では、暴力がエピデミックと言っていいほど蔓延《まんえん》している。ボトルはまた、過去数十年間に訴えられた数千件の苦情のうち、苦情調査担当部が受理して認証したケースは一握りしかないとも言っていた。だがこれは驚くべきことではない。なぜなら、苦情調査担当部の部長は、ほかでもない懲教署署長自身が任命しているからだ。そんな制度では、たとえできたとしても、ごくわずかしか説明責任が果たせない。

受刑者に対する虐待という問題を概念的にとらえることと、目の前に座っている被害者自身の口から身体的な(ときには性的な)暴力の話を聞くことは、まったく別の話だ。その多くは、ゾッとさせられる話だった。股間をまさぐられたり、タバコの灰の混ざった水を無理やり飲まされたり、棍棒《こんぼう》で骨が折れるまで自分の指を殴らされた者もいた。

いまだに多くの受刑者は、政治は自分には関係のないもので、自分から政治に関わることもないと信じている。だからこそ、金銭的な理由なしに政治の世界に入ろうとする者が理解できないのだ。この話題が持ち上がるたびに、ぼくは彼らに説明している。政治は常に誰のまわりにも存在していて、タバコ税から、いつか働くことになったときに関わってくる最低賃金、そして彼らの両親の稼ぎのほぼすべてを飲み込んでいる月々の家賃まで、人生のあらゆる面に関わっていると。その影響を知るには、刑務所の外の世界を見るまでもない。政治はまさに、これほど多くの受刑者が虐待されている原因であり、責任をとらされる看守の数がこれほど少ない理由だ。「これでもまだ、政治は自分に関係ないと思えるかい？」ぼくはそう尋ねる。

髪をめぐる政治闘争――パート1

33日目――2017年9月18日(月)

刑務所内での虐待に加えて、剃髪《ていはつ》も、ぼくを憤慨させる組織的不正行為だ。壁屋懲教所では、すべての男性少年受刑者は例外なく強制的に隔週髪を剃《そ》られる。そして、髪の長さは六ミリ未満にしなければならないと専断的に決められている。月二回、ぼくら四十数名は自らの意思に反して仏僧になるのだ。

この件は、元立法会議員の梁國雄《りょうこくゆう》が三年前に行なった提訴を思い起こさせる。肩まである髪がシンボルマークの、「長毛」というあだ名で呼ばれている梁國雄は、宣誓ゲート事件で立法会の議席を失った六名の議員の一人だ。雨傘運動の勃発直前、彼はその数年前に政治的行事に乱入した罪で刑務所に収監された。その後、女性受刑者が髪を伸ばしたままにできるのに、自分が髪を切られたのは性差別だと申し立てて、政府を訴えたのである。高等法院に属す上訴法廷と原訟法廷のうち、下位に位置する後者は梁國雄の訴えを認めたものの、審議は現在上訴中だ(原注 二〇一九年一月、上訴法廷は、梁國雄の訴訟は「さほど一般的あるいは公共的な重要性を伴わない問題である」として訴えを退けた)。

ぼくは、受刑者が一般市民とまったく同じ権利を享受できないことはわかっているし、受刑者の髪を短く切り詰めることには、たとえば頭ジラミを駆除するといった実用的な面があることも理解している。しかしだからと言って、壁屋懲教所が、他の刑務所ではとられていない厳格な規則を受刑者に課すべき理由はない。たとえば標準的な生徒の髪型のようなものが、どんな安全保障上または健康上の脅威を突き付けることになるのか理解に苦しむ。

さらにぼくを憤慨させたのは、刑務所当局に、次に治安判事が訪れたときにこの問題を取り上げるよう示唆したときの反応だった。彼らの反応は怒りと脅しだった。ぼくの監房を担当しているウォン看守は、こう警告してきた。「この問題をさらに取り上げるようにほかの受刑者を言いくるめたりしたら、たとえたった一人でも、刑務所の秩序攪乱を扇動した罪でおまえを訴えてやる」

ウォン看守の反応には、あきれたし、怒りを覚えた。彼の態度は、当局が受刑者の福祉をまったく無視していることを露呈していた。剃髪に関する懸念を治安判事に伝えるのは、完璧にぼくの権利の範囲内だし、それこそ、治安判事の訪問の目的に見合う種類の懸念だ。さらには、もしこのレベルの脅しが、ぼくのような人間、すなわちメディアの監視にある程度まで守られている有名人に向けてなされるなら、政治的な人脈をまったく持たない通常の受刑者はどれほどの脅しを被っているのかと思わされる。どんな不正を被ろうが口をつぐんでしまう受刑者が大部分であるのも当然だ。

もっと明るい話としては、きょうは二〇通を超える手紙を受け取った。その多くは、海外の友人や仲間からのものだ。とりわけ嬉しかったのは、「ニューヨーカーズ・サポーティング・ホンコン（支持香港民主運動紐約站、NY4HK）」グループの創設者、アナ・チョンからの手紙だ。彼女は、マーティン・リー（李柱銘）や、二〇二〇年まで憲法改正の進捗状況を監視する「香港2020」グループを創設したアンソン・チャン（陳方安生《ちんほうあんせい》）といった民主化を求める政治家たちが、西側諸国の影響力のある政治家と会うことができるように、長年骨身を惜しまず活動してきた人物だ。雨傘運動以来、国際社会の支援を求める香港衆志のロビー活動において、アナは欠かせない役割を果たしてくれている。

ロンドン・スクール・オブ・エコノミクスで学ぶ香港からの留学生で、二〇一五年にぼくがオックスフォード大学で講演したときに知り合ったジョービー・イップからも手紙が届いた。ジョービーは、雨傘運動の際にロンドンの中国大使館前で抗議した留学生の一人で、本年初頭、ネイサンが立法会議員資格を剝奪された後、真っ先に香港衆志に加わった人物だ。宣誓ゲート事件が、自決権を求める陣営にいるすべての者に対して将来選挙に出馬する道を実質的に閉ざしたことを考えると、それは大胆な決断だった。もし彼女に政治的な野心があるなら、香港衆志に加わることは、ほぼ間違いなくその道のキャリアを断つ決断になるからだ。

アナやジョービーのような海外にいる献身的な香港人は、民主化を求めるぼくらの闘いにとって欠かせないパートナーだ。たとえ地理的に離れていようとも、その心はぼくたちと共にあり、彼らの連帯は、香港の政治状況について国際社会の関心を高めるうえで主要な推進力のひとつとなっている。さらに言えば彼らは、雨傘運動が香港だけでなく、香港人が姿を現し声を上げた世界各所に、消すことのできないインパクトを与えたことを示す証だ。

友人からのメッセージが士気を高めてくれる一方で、見知らぬ人からの手紙はしばしば、強い感動を与えてくれる。きょうぼくは一四歳の少女から手紙を受け取った。それには美しい手書き文字で、最近の政治的な出来事について感じたことが綴られていた。中等学校の生徒から手紙の形でメッセージをもらうのは珍しい（ワッツアップとテレグラムの時代、彼らにとってペンと紙は時代遅れの遺物だ）。彼女は明らかに、その手紙を書くために多くの時間と手間をかけていた。ぼくが政治的抗議活動の旅に乗り出したときと同じ年ごろの若者から手紙をもらうのは、いつだってとても嬉しい。

もう一通の心温まる手紙は若い母親からのもので、その最後の段落を読んだときには涙が込み上げてきた。

あなたの反国家教育デモのひとつに、夫と共に娘を連れて出かけたとき、娘はまだ一歳にもなっていませんでした。私たち一家は、娘が抗議現場のエネルギーを吸収して、あなたのように勇敢で信念を貫く人に育ってくれるように願い、その晩ずっと金鐘で過ごしました。

それから五年が経ち、娘はもうすぐ六歳になります。驚いたことに、彼女はまだあの金鐘の夜のことを、まるで先週のことのように覚えています。車で通るたびに、何時間も座っていた高速道路の場所を指さすのです。娘はニュースであなたの姿を見かけるたびに「金鐘兄さんだ」と言います。

先週私は、正しいと信じることをして刑務所に入れられた「金鐘兄さん」を励ますために、何かしたいことがあるかと娘に尋ねました。そして彼女は絵を描くのが好きなので、何か描いたらどうかと勧めたのです。それをここに同封します。まだ会ったことのないあなたの妹からの三枚の絵をお受け取りください。

髪をめぐる政治闘争――パート2

34日目――2017年9月19日(火)

きょう新聞で、二六歳の活動家、蘇嘉豪《そかごう》が、日曜日の総選挙でマカオで最も若い立法会議員になったことを知った。

マカオはかつてポルトガルの植民地で、香港と同じように、千年紀が変わるころに中国に返還された。巨大カジノで有名なマカオも、自由選挙を求めて、企業利益優先主義《コーポラトクラシー》と政治的縁故主義《ポリティカル・クローニズム》という二大悪と闘っている。人口七〇万人足らずのマカオ(香港の一〇分の一弱)は、意味のある民主化運動を根付かせるための熟練政治家の数が必要最小数に満たない。

しかし二〇一四年、台湾で「ひまわり学生運動」(原注　中国との二国間協定案〔「海峡両岸サービス貿易協定」、CSSTA〕に反対した学生たちが台湾の立法院〔日本の国会議事堂に当たる〕を占拠した社会運動)が起こり、香港で雨傘運動が起こったまさにその年、マカオも市民の力を結集して、政治的不正行為に「もうたくさんだ」と果たし状を突きつけた。その年の五月、政府高官に多額の退職金と年金を支給する法案に抗議して、二万人の市民が街頭デモを行なったのである。議論を呼んでいたこの法案は最終的に撤回され、この一件はマカオが中国に返還されて以来最大の市民社会の勝利とみなされた。政治的覚醒の波に乗って蘇嘉豪は名声を手にし、主流政治家として認められたのだった。

今週の選挙における彼の勝利は、ぼくらみなにとって大いに勇気づけられるものだ。だが、それと同時に、ぼくは一抹の悲しさも感じた。蘇嘉豪の成功物語は、ネイサンの劇的な政治的盛衰を思い出させたのだ。この香港最年少の立法会議員が政治的勝利を手にし、そのたった八カ月後に議席を失ったことを。

一方、反剃髪戦線には少し動きがあった。壁屋懲教所当局が今朝、ぼくに上層部との面談を許可したのだ。この面談で上層部の代表者は、夏期に過度の汗をかくからといったような衛生面と健康面における懸念を持ち出して、壁屋懲教所における剃髪の慣習を正当化しようとした。

六ミリ未満という制限について追及すると、彼らは文書化された指針に厳格な規則はないこと、そして長さについては単に「業務効率」の面から職員の間で合意したものであることを認めた。そして、他の少年刑務所に確認して最善の方法を確立すると言った。

ぼくは代表にきっぱりと言い返した。「他の刑務所に確かめなければならないということ自体、壁屋懲教所には、髪を短く保つという一般原則以外に特定の長さに関する規定はないということではないですか。言い換えれば、六ミリ未満というのは、でっち上げの規定であり、それをぼくらに強要するのは止めるべきであると思います」男たちは顔を見合わせ、面談の終了を告げた。

同居人を失くす

35日目――2017年9月20日(水)

壁屋懲教所では約三カ月に一度、監房の受刑者の入れ替えを行なって同居人の組み合わせを変える。その意図は、新入りを前からいる受刑者と組み合わせて、先輩から刑務所暮らしのコツを教えてもらえるようにすることと、徒党や潜在的に危険な結びつきを分断することにある。

ぼくは今回の入れ替えで、過去五週間のうちに親しくなった同居人を失っただけでなく、新たな同居受刑者をあてがわれないことになった。きっと、問題が多すぎる受刑者の監房に新たな同居者を入れたりしたら、危険思想に感染してしまうと考えたのだろう。あるいは、こと刑務所の暮らしについては、ぼくはたいしたメンターにはなれないと思われたのかもしれない。

当初は、二坪ほどのスペースを独り占めできるのは願ってもないことだと思った。何と言っても香港では、それほど広いスペースを手に入れるには法外な料金を支払わなければならない。だが最初の夜を独りで過ごしたあと、夜に誰かと話ができないのがどれほど孤独なことかを思い知った。これからの数週間、夕食後に空っぽの監房に戻ることに慣れなければならない。これはプライバシーを選ぶか、仲間を選ぶか、という永遠に解けない問題だ。

アースンに初めて会った三五日前のことを思い出す。ぼくらに共通項はほとんどなく、互いに交わろうとする気持ちもほとんどなかった。ぼくはクリスチャンの中流家庭に育ち、直資学校（政府の資金援助がある半私立校で、公立学校よりレベルが高い）に通った。一方アースンは他の受刑者のほとんどと同様に破綻《はたん》した家庭の出身で、中等学校をドロップアウトしたあと地元の暴力団に加わった。監房に座って話をしたときには、ギャングスラングだらけの彼の言葉がほとんど理解できず、隅に縮こまって新聞を読んだものだった。

だが時が経つうちに、どんどんスラングがわかるようになり、よりよくアースンが理解できるようになった。ぼくのほうでも、エリート臭く尊大に聞こえないよう、広東語の会話に英単語を混ぜないようにすることを学んだ。今では、お互い同じグループに属しているかのように会話している。

何より、ぼくはアースンと本当に親しくなった。彼を友と呼べることを誇らしく思う。

保安部による尋問

38日目——2017年9月23日（土）

きょう、よく一緒に食事をする複数の受刑者が刑務所当局に尋問されていたことを知った。身体検査が終わってから、十数名の受刑者が保安部に連行されるところを目撃したのだ。彼らはある部屋に連れていかれて、ぼくとの会話の詳細を明かすように求められ、ぼくと交わると独房送りになるかもしれないと脅されたという。

保安部は食堂の監視カメラの記録を調べて、尋問すべき受刑者を見きわめていたに違いない。実のところ、ぼくらが刑務所に関することをオープンに話すことは滅多にない。たいていは、テレビゲームや試験の攻略法、キャリアの選択肢といった、とりとめのない話をしている。だが当局は、ぼくの反剃髪運動が手のつけられないものになり、阻止しなければ刑務所全体の反乱に発展するのではないかとビクビクしている。きょうの一件は、反刑務所活動に他の受刑者を巻き込んだら扇動罪で起訴するという、数日前にウォン看守と交わした不快な会話を思い起こさせた。この一件はまた、二四時間監視のもとで暮らしているという現実を痛感させるものでもあった。ぼくらはあらゆる時間あらゆる場所で「ビッグブラザー」に監視されている。

面会室も厳重に監視されていることがわかっているので、ぼくは面会者に、脅しと尋問の件については何も語っていない。その代わり、最近のニュースや補欠選挙の活動戦略などについて話し合っている。

監房に戻って一人きりになったとき、ぼくは今週壁屋懲教所で起きたことについて考えてみた。その結果、受刑者の権利について声を上げたことは、他の受刑者を危険に晒すことになったという事実に気がついた。このことをさらに敷衍《ふえん》すると、おそらく過去五年間にぼくが先導したり参加したりした政治活動ひとつひとつが、愛する人たちに同じような影響を与えていたのではないかと思う。ぼくは常に、たとえどんな代償を支払おうとも自分の信念のために闘い抜く覚悟でいる。だが、今まで一度でも立ち止まって家族のことを思い、たとえぼくにとってどれほど崇高なものであろうが、その行動が家族にもたらす多大なプレッシャーについて考えてみたことがあっただろうか？　一度でも両親の同意を求めたことがあっただろうか？　単に両親が理解してくれるのは当然だとみなしていたのではないだろうか？

『香港コネクション』を観て

40日目——2017年9月25日(月)

毎週月曜日の午後六時に、香港で最も長く続いている時事問題番組『香港コネクション(鏗鏘集)』が放映される。

今週のエピソードは、投獄されている活動家に関するもので、デレク・ラム(林淳軒)、アイザック・チェン(鄭《てい》家《か》朗《ろう》)、ジョービー・イップといった香港衆志のメンバーが取材に応じる姿を観て胸が躍った。ネイサンとぼくに宛てられた支援者の手紙をみなが開封する様子も映っていた。おしゃべりしながら仕事にいそしむ彼らの姿を小さな画面で観ていると、彼らへの思いがいっそう募った。

大部分の映像は、ぼくらの新しい事務所で撮影されたものだった。そこは、ネイサンが議席を失う前に使っていた仕事場よりずっと狭い。宣誓ゲート事件のあと、ぼくらは立法会の建物を立ち退かされ、大急ぎで手の届く事務所スペースを探さなければならなかった。三〇分の番組の最後のほうで、デレクがこう語っていた。

> チーフンとぼくが政治の世界に足を踏み入れてから六年が経ちます。あのとき中等学校四年生だったぼくらも、今や大学三年生になりました。活動家になった理由は、香港をよりよいところにしたかったからです。でも、そうなったでしょうか?

デレクの言葉は、大部分の活動家が恐れて問わないことを端的に言い表している。すなわち、ぼくらは違いを生み出しているのだろうか、という問いだ（原注　実際には、ジョシュアの同胞である多くの香港人が、逃亡犯条例改正案に抗議してデモを行ない、それが二〇一九年の夏の大規模デモにつながった。この大規模デモでは、実に香港全人口の四分の一を超える二〇〇万人以上が平和行進を行なったのだった。このデモと世界の監視のなか、林鄭月娥行政長官は譲歩を余儀なくされ、二〇一九年七月九日に条例は「死んだ」と宣言。そして二〇一九年九月四日に条例改正案の完全撤回を表明した）。デレクの疑問を推し進めると、さらなる疑問が湧いてくる。たとえ違いを生み出せたとしても、その甲斐はあっただろうか、そしてそのためにどれほどの人的犠牲が払われただろうか？

おそらく、ぼくやデレクといった若者のほうが、活動に邁進するのは楽だろう。ぼくらはいまだに両親と暮らしていて、経済的な心配もあまりなく、家族を養う義務もない。失うのは自由だけだ。

しかし、戴副教授のような人たちは、まったく次元の違う問題を多々抱えている。中環占拠の前、戴副教授は一流大学で教鞭《きょうべん》を執り、高給を受け取って安定した中流階級の暮らしを送っていた。今や戴副教授は長期にわたる禁錮刑に直面しているだけでなく、香港大学でのポジションを失おうとしており、山積する弁護料を支払うために自宅の売却を余儀なくされている。理性的な人間が、なぜこんな犠牲を払うのだろうか？

ぼくが手放しの賞賛を惜しまない人物はこの世にそれほど多くないが、戴副教授はその一人だ。

ぼくにとっての公民広場

41日目――2017年9月26日（火）

昨晩、眠りに就こうとしていたとき、ベッドの下からすばやく走り去る黒っぽい物体が視野の端に映った。ぼくが反応するより速く、それはどこかに消えてしまった。ほっとしたことに、巨大ネズミ（たぶんそうだったのだと思う）は二度と現れず、そのあとは熟睡することができた。

きょうは九月二六日。ぼくの二一歳の誕生日まで、あときっかり一七日だ。言い換えれば、成人刑務所に移監されるまで壁屋懲教所で暮らす残りの日々は、あと一六日ということになる。時が早く過ぎるようになると言ったら言い過ぎだが、六カ月の刑期（品行方正にしていれば四カ月）が移監によって区切られることは、少しは禁錮刑が我慢しやすくなる気がする。

移監前にやることはたくさんある。まず上訴に備えて、膨大な量の裁判書類を調べ、整理しなければならない。これらの書類をすべて次の刑務所に持っていくようなことはしたくないからだ。何個もの袋に入った法律文書を新たな施設にズルズル運んでいったりしたら、不必要な注目を集めて、プライバシーに関する懸念が生じるかもしれない。すべて両親の家に保管する前に、少し時間を割いて整理しようと思う。

次に、支援者から寄せられた二〇〇通以上の手紙がある。すべて読んだが、そのままになっている。きょう両親が面会に訪れたときに母が言った。手紙はすべてとっておいて、たとえ一言だけでも、すべてに返事を書くようにと。母はさらに、それこそネイサンがずっとしていることだと言った。それは、なかなかいいアドバイスだった。とくに、国慶節と中秋節〔旧暦八月一五日。二〇一七年は一〇月四日で、翌日が公衆休日〕を含む祝日がもうすぐやってくるから、自由時間がたくさん作れるだろう。

判決が下りて以来、両親はぼくのために駆け回ってくれた。上訴について弁護士に相談し、大学で休学手続きを申請し、あらゆる書類の整理や使い走りをやってくれている。若者が刑務所に入るということは、家族全員が巻き込まれるということだ。ぼくにしてくれたすべてのことについて、両親には何から感謝したらよいかもわからない。

だが、どうやらまた両親をわずらわせなければならなくなりそうだ。壁屋懲教所は、全受刑者の両親を招いて施設見学と職員の紹介を行なうオープンデイを企画しているらしい。少年刑務所は定期的に「家族をひとつにする」支援活動を行なっており、面会者は施設見学ツアーに参加させられ、社会復帰部長とカウンセリング部長の長いスピーチを聞かされる。

このオープンデイには、象徴という面から見て重要なイベントがある。受刑者が両親にお茶を淹れて供する「茶会」だ。このかなりわざとらしい儀式のあとには、看守の監視のもと、受刑者と家族が二〇分間にわたって水入らずの話をする時間が設けられている。

こうした光景は、しょっちゅう香港のテレビドラマに登場する。囚人服を着た息子や娘が、涙にむせぶ両親を前に泣き崩れ、わがままだった過去を悔いて、出所したら親が誇れる子になると誓うのだ。そして刑務所の職員は、自分たちの世話と指導のおかげで改心した受刑者の姿を誇らしげに眺めるのである。

こうした種類の再教育モデルは一部の受刑者には効き目がある場合もあるだろうが、政治囚にはまったく無意味だ。ぼくらはいつだって自分の大義を信じているのだから。たとえどれほど社会復帰プログラムを受けさせようが、ぼくらを後悔させることにはならない。とはいえ、そうしたことはさておいて、ぼくはオープンデイを楽しみにしている。それは、分厚いガラスのパネルに隔てられずに両親と少し時間が過ごせる素晴らしい機会になるだろう。

きょうは雨傘運動のきっかけになった出来事であり、ぼくの人生の転換点になった公民広場占拠の三周年記念日だ。きょうからちょうど三年前、ぼくは、政府庁舎近くの金属フェンスをよじ登り、抗議者たちにあとに続くように呼びかけた。そして、一〇人以上の警官にタックルされて拘留されたのだった。それはぼくの最初の逮捕で、結果的にぼくの最初の有罪判決、そしてこの禁錮刑をもたらすことになった。

「公民広場」という、その場所の名前は、まさにぼくが率いた二〇一二年の反国民教育活動の中で、ぼくらが付けたものだ。それ以前、その何の変哲もない円形の公共スペースには「香港政府総部広場」という無味乾燥な名が付いていた。その後、広場は鉄製のフェンスで囲まれるようになり、逮捕の晩、ぼくはそれを奪還しようとしたのである。以来、多くの歴史が刻まれることになった公民広場は、常にぼくの心の中で特別な場所を占め続けるだろう。

黒バウヒニア作戦

42日目——2017年9月27日(水)

夕食時のニュースで「黒バウヒニア作戦（黒紫荊行動）」という言葉を聞いたとき、心臓の鼓動が跳ね上がった。まず頭に浮かんだのは、律政司はこの抗議活動についても告発するのか！ということだった。

ゴールデン・バウヒニア像〔バウヒニアは香港蘭とも呼ばれる香港原産のマメ科の樹で、香港の旗はその花をデザインしたもの〕は、一九九七年に、香港返還を記念して中国から贈られた金色の記念碑だ。「返還日」とも呼ばれる七月一日、香港政府は、香港が祖国と「再統一」されたことを記念して、ゴールデン・バウヒニア広場で国旗掲揚式を行なう。

二〇一七年六月二六日、有罪判決が下される七週間前、ぼくはアグネスと他の多くの活動家とともに、この六メートルの記念碑によじ登って、像の上に巨大な黒布をかけた。ぼくらは返還二〇周年を記念して鳴り物入りで香港を訪れる習近平《しゅうきんぺい》主席が到着する前にこの作戦を行ない、増大する中国政府の香港政治介入に対して抗議のメッセージを送るつもりだった。

もし律政司がぼくらを不法侵入もしくは公的不法妨害の罪で起訴することを決めたのなら、それはぼくにとって、公民広場への乱入における非合法集会参加罪、そして旺角の強制退去命令に背いたことに対する法廷侮辱罪の次に直面する第三の刑事事件になる。そうなったらまた刑期が延び、予定は完全に狂ってしまうだろう。

だがそれは早呑み込みだったことが判明した。ニュースが黒バウヒニア作戦について報道した理由は、この作戦で逮捕された抗議者の一部が保釈を拒否した結果、無条件で警察から釈放されたことを報じるためだった。それでも、ぼくらはまだ危機を脱したわけではない。律政司は、将来ぼくらを起訴する「権利を保留」しているからだ。ちょうど、運動終息後何年も経ってからアレックスとネイサンとぼく、そして中環占拠トリオを起訴したように。

律政司の動きについては、まったくなすすべがない。ぼくらに対して刑事裁判を起こす権限とリソースは、律政司司長個人に完全に掌握されているからだ。当局は常に運転席にいて、助手席の抗議者たちは彼らの気紛れにつき合うことしかできない。どんな将来が待ち受けているにせよ、ぼくは集中力を保ち、物事をポジティブにとらえなければならないと覚悟している。

その両方を可能にしてくれるのが読書だ。ちょうど、近代の中国をマクロ（歴史に基づく）およびミクロ（事象に基づく）両方の観点から分析した、オックスフォード大学出版局の『二〇世紀中国史』を読み終わったところである。同書は、一九八九年の天安門事件を含め、近年の政治的暴動を一党独裁政権のレンズを通して分析している。とはいえ、中国の行動を正当化しているわけではなく、その動機と物の見方を理解しようと努めているのだ。もし刑務所にいなかったら、これほど分厚い学術的な本を読む時間も余裕もなかっただろう。本を読む時間が得られることは、刑務所に収監されたことにおける、せめてもの明るい面のひとつで、少しは慰めを与えてくれる。

もうひとつの明るい面は、多岐にわたるバックグラウンドの人々と知り合えることだ。きょうも中庭で、あるベトナム人の受刑者と知り合いになった。ぼくとほぼ同じ年代のこの若者は、麻薬取引と香港への不法入国の罪により本年初頭に収監されている。打ち解けた彼は、ベトナムでどう育ったのか、そしてどうやって悪事に手を染めることになったのかを明かしてくれた。彼や、同様の罪で有罪判決を受けた他の受刑者たちに出会うまで、ぼくにとっての違法薬物とは、「踏ん張れ！　麻薬を使うな（企硬！　唔ｔａｋｅ嘢！）」という政府の積極的な麻薬撲滅キャンペーンでしか聞いたことのないものだった。刑務所にいるおかげで、たいていの市民が白か黒かでしか見ない問題を、文脈とニュアンスに基づいて見られるようになる。

ミスター・ジョシュア・ウォンへ

43日目——2017年9月28日（木）

今朝、珍しい手紙が届いた。ぼくの注意を惹いたのは、宛て名が通常の受刑者番号ではなく、「ミスター・ジョシュア・ウォン」と書かれていたからだ。大部分の刑務所職員はぼくの英語名を知らないから、ぼくの手許《てもと》に届くまで数日余計にかかったに違いない。

その手紙は、アメリカ合衆国上院外交委員会から届いたものだった。民主党と共和党の五名の議員が共同でしたためたもので、アレックス、ネイサンとぼくとの連帯を表明し、非暴力抗議者を起訴したことについて香港政府を非難していた。アメリカ上院議会の紋章、そして手紙の下部にある自筆の署名が、手の中の手紙を重く感じさせた。

世界中から雨傘運動に寄せられた前例のない規模の支援にもかかわらず、香港における普通選挙の達成は暗礁に乗り上げている。抗議運動の勃発以来、中国政府は頑として譲らず、この問題を政治論争の場から取り下げてしまった。きょうの手紙のように、海外の政治家や学者から励ましの声をかけられるたびに、ぼくの心の中では相反する感情が渦巻く。みなを落胆させてしまったのではないかと。

だが、アレックスは最近の手紙でこう端的に綴ってきた。

民主化への道が平坦なものだったら、香港は一世代前にゴールインしていただろう。そして、ぼくが獄中から君に手紙を出すこともなかったわけだ。その道には障害物が山積していればこそ、ぼくらは先人の努力を引き継いで、この未完の旅路を完走しようとしているんだ。

素晴らしい友アレックスは、いつもスランプの穴からぼくを引き上げてくれる。

ヨシュアとカレブ

44日目——2017年9月29日(金)

きょうは、あっという間に過ぎた。午前中はコンピューター室でアドビ・イラストレーターの操作法を学び、午後は面会者と過ごした。集団訓練のために中庭に戻ったときには、すでに夕食の時間が近づいていた。

弁護人がきょうもたらしたニュースは重要なものだった。旺角で起きた法廷侮辱罪の量刑審理の日が、ついに一〇月の第二週に決まったという。ぼくは弁護人の助言に従って、裁判所の強制退去命令に背いたという罪状を認めていたため、これからの数カ月をどこでどのように過ごすことになるかは判事次第だ。もし運がぼくのほうに向けば、執行猶予付きの判決が下されるか、または現在の刑と法廷侮辱罪の刑に一度に服せることになる。だが、あまりそのことについては考えないようにしている。甘い期待は強烈な一撃になって返ってくるのがわかっているから。

きょう受け取った手紙の中に、ラファエル・ウォン(黄浩銘)からのものがあった。ラファエルはぼくの友人で、NNTサーティーンの一人として現在服役している。彼はこう綴ってきた。

二〇一四年のあの夜のことを覚えているかい? 君とぼく、そして学民思潮の生徒や香港専上学生連会の学生たちのことを。ぼくらはみな、金鐘にいる抗議者たちを勢いづける方法を探していた。そしてついに、公民広場に乱入することを決めた。だが君は逮捕され、ぼくは逮捕されなかった。にもかかわらず、ぼくらは今、同じように塀の中にいる。これは運命だと思う。民主化運動を前進させて、香港を約束の地に導くことができるだろう！

君がヨシュア〔英語訳ではジョシュア〕なら、ぼくはカレブだ。ぼくらが力を合わせれば、民主化運動を前進させて、香港を約束の地に導くことができるだろう！


ラファエルもぼくもクリスチャンだ。彼は、ぼくの両親がぼくの洗礼名をヨシュアにちなんで付けたことを知っている。ヨシュアは、モーセの死後、イスラエルの民を約束の地カナンに導いた預言者だ。この名前を選んだとき、両親はぼくが将来政治的リーダーになるなどとは想像していなかったものの、正しいことを行ない、他の人にもそうする刺激を与える正直な市民になってほしいと思っていた。両親からヨシュアの物語を聞いて以来、ぼくは両親を落胆させないように最善を尽くしてきた。旧約聖書の民数記によると、カレブとヨシュアは協力し合いながら、定住する新たな土地を探していた。二人はカナンから巨大なぶどうの房を持ち帰り、そここそ四〇年来探してきた約束の地であるとイスラエルの民を説得した、という有名な逸話がある。

ラファエルが自らをカレブになぞらえるのは謙遜だ。彼は香港のために多大な個人的犠牲を払ってきた。現在服役中の九カ月の刑期に加えて、あと二件の刑事罰にも問われている。そのひとつは、雨傘運動に市民の参加を扇動した罪、もうひとつは旺角の抗議地区への立ち入りを禁じるという裁判所の強制退去命令に違反した罪、つまりぼくと同じ法廷侮辱罪だ。

民主派の政党は、かつて反目し合っていたことがある。同じ大義のために闘っていても、対人関係やイデオロギーの相違などがしばしば入り込んでくるのだ。ラファエルとぼくも、ときには運動の戦略や方向性について口論することがある。だが、これほど多くの仲間が刑務所に閉じ込められている今、ぼくらは差異を脇に置き、互いに反目し合うのではなく、協力し合うときにきている。

実験芸術としての監房

46日目――2017年10月1日(日)

きょうは休日で、母のアドバイスに従って、支援者から寄せられた二〇〇通ほどの手紙に返事を書くことに時間を費やした。移監前にすべてを終えるのは無理だとはわかっているが、始めなければ終わらない。他の受刑者は、映画『カンフーハッスル（功夫）』〔二〇〇四年公開〕を見るのに忙しくしていた。これはおそらくチャウ・シンチー（周星馳）監督が作った優れた作品としては最後のものだろう。そのあと監督は、中国大陸の映画制作プロダクションとの「共同制作」映画を大量に作り出すことになった。

きょうが国慶節であることは、古ぼけてくたびれたお祝いの挨拶と国歌がテレビから大音量で流れてくるまで気がつかなかった。ニュース映像には、デモ隊がゴールデン・バウヒニア像を取り囲み、数人がプラカードを掲げて「政治囚を釈放せよ」と叫んでいる姿が映っていた。また、ヘネシーロードで団結示威行進が行なわれ、香港衆志の代表団にカメラがズームインするところも映った。香港衆志のティファニー・ユエンがバナーを掲げ、「袁國強、辞任せよ！」と叫んでいた。この律政司司長が最初に下された量刑について上訴するという決定を下さなければ（しかも、彼自身の部下の勧めに反してそれを行なったのだった）、アレックス、ネイサンとぼくは、ヘネシーロードで群衆と一緒にデモ行進を行なっていたはずだ。

テレビの報道を観たぼくは、もっと香港衆志に関する情報を新聞で読みたくなった。嬉しいことに、きょうの『アップルデイリー』紙に二件、そうした記事が掲載されていた。最初の記事は、香港の社会発展について独自に調査を行なっている独立非営利団体「本土研究社」〔香港における開発と社会問題に注目する研究者によって二〇〇九年に設立された研究機関〕と共にぼくらが行なってきた研究プロジェクトの最新の報告だった。「香港史の解読」と題されたこの研究では、数十名のボランティアや大学生が、機密解除された一九八〇年代の香港や英国の保管資料を精査して、中英間の香港返還交渉の際に香港の将来について行なわれた討議を記録している。

そうした記録のひとつを通して、法廷弁護士かつ政治家であり、熱心な親中派で政治的のけ者になったマリア・タム（譚惠珠《たんけいしゅ》）が、かつて英国政府に、中国統治下の香港の状況を監視するため定期的な報告書を発行するように求めた一件が明らかになった。その行為は、今日の香港においては、中国政府から、非常に非愛国的で、反体制的とさえ見なされたことだろう。ぼくらの研究プロジェクトがショッキングな事実をあばき続け、マスコミの報道を惹きつけていることを、とても誇らしく思う。

ふたつめの記事は、きょうの団結示威行進の参加者を増やすためにきのう香港衆志が行なった街頭デモに関するものだった。写真には、紙で作った監房の中に囚人服を着て座っている二人のメンバーの姿（顔は見えなかった）が写っていた。それは、若者が凶悪犯のように投獄されるとはどういうことかを、また政治囚がもはや無視できる抽象概念などではないことを一般市民に示す、シンプルだが強烈な手段だった。

月餅《げっぺい》の季節

48日目──2017年10月3日(火)

中秋節は香港の盛大な祝祭だ。いわばアメリカの感謝祭に文化的に相当するもので、家族が一堂に集まって盛大な祝宴を開き、最後に月餅を一～二個食べる。

この特別な祝祭日(明日がその日だ)に愛する家族から引き離されている状況を埋め合わせるため、刑務所は、ぼくらにもてなしを用意した。焼き魚と固ゆで卵という今夜の夕食には、クレジットカード大の鶏の足がおまけについていた。もちろんそれは、屋台で食べるような、ふっくらしてジューシーな鶏の足からは程遠かったが、ここ刑務所では、サプライズのもてなしは、その日が祝日であることを実感させるのに大いに役立った。

そしてそのあと、告げられたのだった。明日の夜は、それぞれ月餅をもらうことになると。それは気の利いた演出ではあったが、刑務所が月餅を配ることについては、どこかそぐわない気がした。中国人はみな、月餅は、元朝末期にモンゴル支配の転覆を図った革命家たちが使った手段だという逸話を聞いて育つ。それによると、七〇〇年ほど前のある中秋節に、反逆者たちが焼き菓子の中に秘密のメッセージを忍《しの》ばせることにより当局の目を盗んで連絡しあい、モンゴル人に対する蜂起に成功したという。この「転覆を促す」菓子を受刑者に配るという皮肉に、刑務所当局は気づいているのだろうか。

今朝、新たな受刑者が二人壁屋懲教所に入所してきた。このことは、ぼくがもはや共用エリアの掃除を担当する唯一の新入りではなくなったことを意味する。さらには、キッチンから四階の監房まで、階段を伝って重い牛乳瓶を独りで運ばなくてもよくなる。とはいえ、ぼくの言う「牛乳」とは、スーパーの冷蔵セクションから人々が取り出す新鮮な牛乳のことではない。ここでは、法外な量の水をほんの少しのミルクパウダーに加えることによって牛乳《ラップアップ》をこしらえている。それは実質的に乳白色の水だ。当然のことに、受刑者は舌なめずりして待ち焦がれたりはしない。

二一歳の誕生日に下された判決

49日目――2017年10月4日(水)

きょうのニュースで、ぼくの法廷侮辱罪に対する判決の申し渡しが一〇月一三日に決まったことを知った。その日はたまたま、ぼくの二一歳の誕生日だ。家族、香港衆志、弁護人、そして他の活動家の馴染みの顔が見られると思えば、それは悪い偶然ではない。

ロジスティクス上の理由から、刑務所当局は赤柱《チェッチュウ》監獄(スタンレー・プリズン)へのぼくの移送を一日遅らせた。つまり、一〇月一四日、法的に成人になった日の翌日、ぼくはここ少年刑務所の受刑者に別れを告げ、バスに乗って壁屋懲教所から出ることになる。そのときには、身の回り品を詰めた小さなバッグと、ジャンクフードがいっぱい詰まった大きなバッグを抱えていくつもりだ。ジャンクフードは、刑務所から支払われる一〇月分の給料を使い切るためである。

きょうは一日の大部分をセニア・ンーが送ってくれた二〇〇ページ分のフェイスブックのプリントアウトを読むのに費やした。そのなかにティファニーの投稿があった。彼女は、ネイサンの収監について心情を吐露するとともに(この二人の香港衆志党員は長年付き合っている)、中等学校の講義要綱で天安門事件のようなセンシティブなテーマの内容をごまかそうとする教育局の企てを阻止するための取り組みについても綴っていた。

デレクのロンドン訪問に関する投稿もあった。彼は三人の汎民主派立法会議員――エディー・チュー(朱凱廸)、レイ・チャン(陳志全《ちんしぜん》)、テッド・ホイ(許智峯《きょちほう》)――と共にロンドンに出かけ、英国外務英連邦省〔英国の外務省〕の代表者と会ったのだ。それは、香港の民主派議員にとって近年初めてとなる機会であり、諸外国の政府との絆《きずな》を強めて世界の注目を香港の状況に惹きつけるための重要な一歩だった。

　さらには、週一回のラジオD１００の人気番組『衆志同学会』で、新たな司会者の顔ぶれが揃ったというニュースを読んで、とても嬉しく思った。かつては、党の最古メンバーであるネイサン、デレク、そしてぼくが、いつも番組に出演していた。だが、三人とも刑務所に拘禁されているか、あるいはこれから収監されるという今、ぼくらより経験の浅いメンバーが番組に登場して、弁論スキルを磨く機会が生まれた。リーダーシップを次にとる世代を鼓舞する機会という点から見ると、これは好ましい展開だ。

受刑者との最後の数日

50日目——2017年10月5日(木)

秋が訪れた。気温が数度下がり、過去数週間トップレスで歩き回っていたぼくらは、みな青いTシャツを着るようになった。香港では誰でも、うだるような夏の暑さより涼しい気候を好む。きのうは中秋節だった。だからきょうは祝日だ(この日が祝日になったのは、前夜の祝宴でたっぷり楽しんだ人々に体を休める機会を与えるためである)。壁屋懲教所では、祝日は日曜日と同じような扱いになる。つまり午前中は食堂で、午後は教室でたむろできるわけだ。新鮮な空気を吸って体を動かすため、ぼくは中庭にジョギングをしに出かけた。

このところ連続三日間にわたって、ぼくら受刑者は食事時に特別なもてなしを受けている。昨晩の夕食時には、梨、春巻き、ホットドッグが供され、今朝は、チーズルン〔スナック菓子〕、するめ、クラッカーなどのスナックがたくさん詰ったサプライズのギフトパックをもらった。パックの中には、キリスト教刑務所牧師会(基督教牧愛会)からのメッセージ、キリストの受難の短い話、新約聖書から引かれた言葉、そして返信用紙も入っていた。受刑者たちはこの返信用紙で、牧師の面会や布教用のパンフレットを請求し、最後に「イエス・キリストに帰依し、主を我が救い主にいたします」という欄にチェックを入れるよう勧められていた。どれだけの数の受刑者がこのメッセージに目を通したか、あるいは袋と一緒にゴミ箱に捨ててしまったかは不明だ。

ここ数週間、ぼくらはみなTVBの犯罪ドラマ『ライン・ウォーカー:ザ・プレリュード』(使徒行者2)』にはまっている。恐ろしい組織犯罪の親玉、ミスター・ブラックを演じているのは、テレビスターのモーゼス・チャン(陳豪《チャン・ホウ》)だ。きょうのエピソード(刑務所ではリアルタイム放映から一週間遅れている)で、ミスター・ブラックは暗殺者に至近距離から三発銃弾を撃ち込まれた。防弾チョッキを着ていたため無事だったのか、あるいは、ありそうにはないことだが、TVBがシーズン2の主役を殺してしまってもいいと考えたのかのいずれかだ。それは明日わかるだろう。

受刑者のテンションは、クライマックスシーン、つまりミスター・ブラックがギャング仲間の前に身を投げ出して暗殺者の銃弾を一身に受けたときに一気に高まった。コマーシャルの時間になったときには、誰もが命を晒した経験を自慢し合い、警察を振り切った話や、取引をまとめるために暗号メッセージを使った話などを披露し合った。

だが誰も言わなかったことがある。これは、後に一対一の会話を通して初めてわかったことだが、受刑者の多くは、親玉の犠牲になって服役しているのだ。暴力団の序列最下部にいる連中は、「チームのための犠牲」として身代わりにされることがよくある。香港のテレビドラマがどれだけ三合会を魅力的に描こうとも、暴力団の階層組織は小心《しょうしん》さと偽善に満ちている。

ぼくはまた、大多数の受刑者が組織犯罪に加わったのは金銭的理由からであることも学んだ。とりわけ両親と疎遠になっている若者にとっては、生きていくための金を作る必要があったのだ。こうした事実は、若者は、見栄を張るためや学校を退学してほかにすることがないために好き好んで暴力団員になる、などという政府の談話とはかけ離れている。

もうひとつ驚いたのは、少年刑務所の全受刑者の中で、英語名を持っているのがぼくだけだったことだ。香港の大部分の人は英語名を使い、日々の会話の中に英単語をまぜることを好むが、刑務所では事情がまったく違う。実際、アルファベットさえ知らない受刑者もいるほどだ。今朝ぼくが、週末に飲んでいた「ミルクティー」が恋しいと話したら、こう言われた。「チーフン、英語はだめだよ。いいかい？　広東語で話してくれよ！」

壁屋懲教所からの最後の手紙

53日目――2017年10月8日(日)

ぼくを支援してくださる方々へ

これから少しすると、ぼくは二一歳になり、成人の刑務所に移監されて、そこで残りの刑期を終えることになります。

壁屋懲教所では五〇日間を過ごしてきました。毎日毎日、行進し、清掃し、授業を受け、食事して、眠りに就きます。それは、同じことを繰り返して永遠に回り続けるループで、受刑者は独立した思考と自由な意思を消し去るように仕組まれた環境の中で、厳格な規則に従うことが求められます。あらゆる決定は受刑者に代わって、一切譲歩しない当局が行ないます。刑務所暮らしの最大の苦痛はそこにあります。

聖書は「苦難が忍耐を生み、忍耐が品格を、品格が希望を生む」(『ローマの信徒への手紙』五章三〜四節、聖書協会共同訳)と教えています。逆境を最大限に生かすため、ぼくは壁屋懲教所の数十人の受刑者と親しくなるよう努めました。そして彼らのおかげで、ぼくと同年代の若者が直面している社会問題がよりよく理解できるようになりました。また、身体的虐待から強制的な剃髪まで、刑務所の不当行為と闘うように努めてきました。声を上げれば報復すると脅されましたが、ひるまずに受刑者全員の公正と尊厳を図ることに専心し続けています。

反国民教育活動から雨傘運動まで、また学民思潮から香港衆志まで、そして最初に組織した二〇一二年のデモから二〇一七年の収監まで——過去六年間はまさにジェットコースターに乗っているようなものでした。収監には良い面もあると信じています。ここ七週間は、活動から一歩離れて自分の抗議活動の道のりを内省する機会、犯した誤りとその教訓を把握する機会、自分を高めるためにより多くの本を読む機会、そしてこの道のりにおいて共に歩いてきてくださった人々に感謝する機会となりました。

多くのコメンテーター、とりわけ国際報道機関の解説者は、雨傘運動や、それが生み出した市民の政治的覚醒を、ぼくやネイサンやアレックスといった一握りの学生活動家の努力に帰しています。でも、それほど真実から遠いものもありません。賞賛に値する真のヒーローは、逆境にもめげず互いを支えあって民主化の闘いを何十年も続けてきた素晴らしい香港の人々です。

しかし、ぼくらは再び香港人の助けを必要としています。あらゆる香港の市民が、そのエネルギー、忍耐、非暴力へのコミットメントを、より堅固な市民社会の構築に向けるようになることが必要なのです。次の政治に対する蜂起が訪れるまでには(たとえそれがどのような形で訪れるとしても)、ぼくらはその機会を最大限に活用し、それを目標に近づける契機にできるよう備えておかねばなりません。

過去五〇日間、ぼくは世界中の支援者から七七〇通以上の手紙を受け取りました。その一部は、雨傘運動に反対だった「青リボン派」を標榜する人たちからのものでした。政治的信条の違いにもかかわらず励ましの言葉が寄せられたということは、ぼくらの動機が純粋で無私のものであることを市民に示し続ければ、意見を異にする人たちさえ納得させられることを示す充分な証拠です。半自治体制だった香港は今、半専制体制という政治的弾圧の新たな時代に突入しました。今信念を失うことは、敵に最後の決定権を与えてしまうことになります。でも一人一人が自らの役割を果たせば、その努力は結集して、あなどれない勢力になります。充分に長い間粘り強く運動し続ければ、歴史の曲線は私たちのほうに傾くでしょう。

壁屋懲教所にて
ジョシュア・ウォン

神はあなたとともにおられる

57日目——2017年10月12日(木)

きょうは、ぼくが法的に未成年として過ごす最後の日だ。

この節目の前夜、所属する教会から三〇名ほどの牧師や宗教活動リーダーたちのサインが付されたバースデーカードが届き、とても嬉しく思った。とりわけユウ牧師の次の言葉にはとても励まされた。

神は刑務所の塀を越えてあなたと共におられます
あなたがどこにいようとも、神の恩寵《おんちょう》があなたを自由にしてくださいますように

ぼくはこの教会に三歳のときから通っている。建物は歴史的建造物で、一〇〇〇名近く収容でき、信徒は主に近所に住む中流階級の家庭だ。香港では平均的な教会である。

朱耀明牧師〔「中環占拠トリオ」の一人〕のような有名な例外を除き、宗教的指導者たちは政治に関わらないようにしている。牧師たちは、あらゆる政治信条を持つ信徒を受け入れる必要があるという理由で、センシティブな話題を避けようとすることが多い。五年前に反国民教育活動を組織したときには教会役員たちに反対され、さらには非難までされてがっかりしたものだ。なにしろぼくはそうした人たちのことを、自分の第二の家族とみなしていたのだから。

とはいえ、ぼくの教会のすべての人がこうした態度をとっているわけではなく、活動をオープンに

支援してくれる人たちもいることは付け加えておくべきだろう。それに、疑念を抱く人の気持ちもわかる。彼らにとっては宗教と政治が交わったことは一度もなく、当局に刃向かうことを生業《なりわい》にしている騒々しい若者など、どう扱えばよいのか戸惑っているのだ。さらに、政治問題をよく理解していない牧師に意味のある助言などできるわけもない。

雨傘運動がもたらした市民の覚醒は社会に広く行きわたり、もはや元に戻すことはできない。ぼくが心配しているのは、香港の教会がこの変わりゆく政治状況に伴って進化しなければ、信徒が離れていくのではないかということだ。この問題は、社会がさらに両極化し、信徒が宗教的指導者に立場を明確にするよう迫るにつれて、いっそう深刻化していくだろう。そしてやがて、最も忠実な信徒でさえ、教会に行かないことによって不満の意思を表示し、教会に代わって自らの政治観と不満に耳を傾けてくれる手段を探すことになる。

ぼくの移監日が一〇月一六日の月曜日に決まったことを人づてに知った。要請したとおり、ぼくは赤柱監獄の禁煙監房に移されることになる。成人の刑務所に収監される最大のメリットは、もうあのおぞましい朝の行進をしなくてよくなることだ。実は、今朝、最後の行進をしたのだが、これほど何度もやったにもかかわらず、いまだに完璧にこなすことができなかった。基本的な英語の命令を覚えることにさえ困難をきたしている。といっても、この命令は広東語話者の看守の口から出てくると、どこか変になる。「ラップワイラップ」が「レフト・ライト・レフト」で、「チングステップ」が「チェンジ・ステップ」、そして「フィーシー」が「フリーズ」であることなど、誰にわかるだろう？　ぼくの英語の発音も完璧ではないが、ぼくにさえ、看守が英語を滅茶苦茶にしていることはわかる。発音はともあれ、ぼくにはなぜ「チェンジ・ステップ」が右足で地面を踏むことを意味するのか理解できない。このフレーズと行動のあいだにはまったくつながりがないのだ。

ともあれ、刑務所でやることはすべて体裁を保つためのものだ。朝の行進は、訪問中のお偉方に規律と秩序の最たる見本を示すもので、治安判事や看守長が刑務所に現れたときには、常にぼくらは小学生のように一列に並び、声を揃えて大声で返事をしなければならない。

あるときＶＩＰが刑務所見学に訪れた際、ぼくはミステリアスな鳥の巣が教室の外の廊下に出現したのに気がついた。看守にその理由を尋ねると、「あそこに鳥の巣を取り付けたのは、壁屋懲教所の受刑者が大自然とたっぷり触れ合っていることを、尊敬する訪問者殿に示すためである」という答えが返ってきた。

二〇一七年一〇月一六日、ジョシュアは成人用の重警備刑務所である赤柱監獄に移監された。

青リボン対黄リボン

66日目――2017年10月21日(土)

成人の刑務所では、土曜日は休みではない。ぼくにとっては、さらなるトイレ掃除を意味する。ぼくは釈放の日が来るまで、朝食と昼食を抜くことにした。外の本物の食べ物を味わうために食欲をセーブすることにしたのだ。友人や家族と本物の食べ物が楽しめるときまで。

きょう数人の受刑者から、ぼくが来てから刑務所の雰囲気が変わったと言われた。看守たちが、いつもより用心深くなり緊張しているという。ふだん厳しく守られることはない規則も、突然厳格に施行されるようになったと。

たとえば食事の件がある。刑務所の食事は多岐にわたる受刑者に合わせて、白人は洋風料理、インド系はナンとカレーといったような献立になっている。そこで、非中華系の受刑者は、献立に変化を付けるため、また他の受刑者との絆を深めるために、食事を交換することがある。刑務所の指針では、食事を分け合うことは禁止されているが(おそらく他の物とバーター交換するための貨幣として使われるのを防ぐためだろう)、看守は通常見て見ぬふりをする。とどのつまり、数人が食べ物を分け合ったところで、どんな弊害があるというのか。だが、そうしたことはぼくが移監してきてから行なわれないようになり、看守は食堂をほぼ毎日パトロールして、食事の分け合いが起こらないように監視している。

受刑者の多様性は人種にとどまらない。政治的信条も多岐に及ぶ。若い受刑者は民主派運動に好意的な「黄リボン派」である傾向が強い。複数のそうした受刑者たちがぼくに心を開いて、雨傘運動とその後の抗議活動に参加したと明かした。だがここには、筋金入りの「青リボン派」もたくさんいる。きのう、保安部の職員がぼくを脇に呼んで言った。ぼくが横を通り過ぎたとき、作業所の年上の受刑者たちが、ぼくを「売国奴」となじったという。その声はぼくには届かなかったが、それを聞いても驚きはしなかった。

きょう、大学の同級生たちから手紙をもらった。ぼくと同じ年に入学した同級生は卒業を間近に控えている。来年の夏までには就職して、最初の給料をもらっているだろう。建築士になる者もいれば、金融分野やＩＴ分野で働く者もいる。これから出世階段を上って、人生を先に進めていくのだ。

それにひきかえ、ぼくは再び休学期間を半年延ばしてもらったばかりで、卒業は最速でも二〇二〇年の五月になる。そしてその後は？　ぼくがやりたいのは政治の仕事で、正直に言って、ぼくができるのもそれしかない。どんな企業も政府機関も、北京の横っ腹に突き刺さったトゲであるぼくには近寄ろうとしないだろう。これは、香港で抗議活動をしている者が直面している冷たい現実である。

完全な民主化実現への道

67日目——2017年10月22日（日）

九月以来、カタルーニャ州の独立を問う住民投票の話題が毎日ニュースをにぎわしている。独立運動は今週さらに熱を帯び、二四時間ニュースチャンネルはきょう、バルセロナで行なわれた大規模街頭デモの映像を一日中繰り返し放映していた。カタルーニャの人々の要求について知れば知るほど、ぼくらと共通項があるように思えてくる。

共通項というのは、「独立」のことではない。ぼくは過去に香港独立を唱導したことは一度としてないし、これからもそうするつもりはない。ぼくが言っているのは、文化的・政治的アイデンティティを主張しようとしているカタルーニャの努力と、中国共産党の影のもとで同じことをしている香港の闘いのことだ。いや増す中央政府の介入から母語の疎外、そして政治活動家に対する迫害まで、香港でぼくらが直面している多くの問題は、香港人にとってと同じぐらい、カタルーニャの人々にはお馴染みのことだろう。

カタルーニャ内部では、マドリッドにあるスペイン中央政府に抵抗する市民の支援は尽きない。暴力にさらされ逮捕される危険があるにもかかわらず、街頭抗議デモは常に大勢の参加者を集めている。しかし、この運動に欠けているのは国際社会の支援だ。外国政府や欧州連合（ＥＵ）などの主要な機関の支持を欠く中、カタルーニャの独立運動が近い将来成功するとは思えない。

同じ教訓は、香港の民主化運動にも当てはまる。世界最強の専制体制に立ち向かわされている香港は、自由選挙だろうが何らかの形の自決権だろうが、その要求にかかわらず、世界に目を向け、国際社会の支援をとりつけなければならない。だからこそぼくは、国際交流とネットワーク構築を香港衆志の最優先事項に据えたのだ。他の汎民主派陣営の政党も同じように考えて、海外で支援機関を広げる努力をぼくらと共に進めるよう願っている。

軽い話題としては、ある受刑者が先週日曜日にＴＶＢパールチャンネル〔主に英語で放送を行ない、映画やドラマなど海外の番組が多い〕で放映された映画を録画しており、それが『アベンジャーズ／エイジ・オブ・ウルトロン』だとわかったとき、監房にいた者全員が歓声を上げた。じつは、ぼくはこの映画を映画館ですでに観ていた。それでもマーベル映画〔マーベル・コミックスを原作とした実写映画〕とＤＣ映画〔ＤＣコミックスを原作とした実写映画〕をすべて観てきた（二度以上観たものもある）スーパーヒーローの熱烈なるファンとして、みんなと同じくらい興奮した。映画の冒頭でマーベル社のロゴを見ただけで鳥肌が立ったほどだ。ここを出たらすぐ、最新映画『マイティ・ソー』を観に行こうと心に決めている。

最後の日

68日目——2017年10月23日(月)

刑務所で過ごす最後の日は、ふだんと同じように訪れて過ぎた。きょうも新聞を読み、トイレを磨き、受刑者たちと一緒に少しテレビを観た。出所直前にマララの手記〔一五歳のときにイスラム武装勢力に銃撃され、二〇一四年にノーベル平和賞を受賞した人権活動家マララ・ユスフザイの手記〕を読み終わったのは、まさにふさわしいタイミングだった。このペーパーバックを手に持ちながら、こう感じずにはいられなかった。たとえ最初はどれほど突飛に見えることであっても、自分の信念に従って夢を実現することができ、そうして、歴史に名が残せるというのは、幸運であると共に、衿《えり》を正されることだと。

出所の暁には、刑務所で六九日過ごしたことになる。この六九日間は、香港が民主化に向けて闘ってきた数十年の歴史に比べれば些細なものに過ぎないが、ぼくの政治抗議活動における七年間の道のりにおいては重要な節目になった。刑務所はぼくから自由を奪ったが、内省する時間、成長する余地、そして一生忘れえない思い出といった多くのことを与えてくれた。何よりぼくは今、大義を遂行することを以前にまして固く決意した、より強い人間となって刑務所を出ていく。

世界の多くの国では、自由と民主化への闘いは、身の安全を、そして時には命までを危険に晒させる。パキスタン出身の受刑者が適切に指摘したように、世界の他の地域で抗議活動を行なう代償は、香港でぼくらが直面しているものよりずっと大きい(原注　香港の状況は、二〇一七年にジョシュアが収監された後に急速に悪化した。第3幕「逃亡犯条例危機」の項〔および「訳者あとがき」、「解説」〕を参照)。しかし、

「13プラス3」に対する有罪判決に示されたように、こうした状況は急速に変化する可能性がある。だからこそぼくらは、抵抗運動の代償が人を尻込みさせるほど大きくなる前に、できるだけ前に進み、勢いをつけておくことが必要なのだ。少なくともできるだけやってみる努力をしないことに弁解の余地はない。それは将来の世代に対するぼくらの義務だ。

これでぼくの日誌は終わる。といっても、少なくとも今回は、だ。遠からぬうちに再び塀の中に戻って来ることになるだろう。ぼくらの闘いはまだ始まったばかりだ。

第3幕

世界の民主主義に対する脅威

いかなる場所にある不正も、
あらゆる場所にある正義に対する脅威だ
マーティン・ルーサー・キング・ジュニア

逃亡犯条例危機——市民による民主化運動の世界的潮流

ぼくの最初の収監以来、香港では多くのことが起きた。

自由と民主化に向かう香港の壮大な闘いを『スター・ウォーズ』旧三部作に喩えるなら、二〇一七年の収監以降の二年間は、第二作『スター・ウォーズ　エピソード5／帝国の逆襲』をズルズル引き延ばしたようなものだった。抵抗勢力が直近の政治蜂起のあとに再結集して立ち直りかけるなか、新たな行政長官キャリー・ラム（林鄭月娥）率いる帝国軍艦隊が、市民社会に総力戦で反撃してきたのである。

赤柱監獄から釈放されて三カ月経った二〇一八年一月、選挙委員会は、ネイサンが剥奪された立法会の議席を埋める補欠選挙において、香港衆志のスポークスパーソン、アグネス・チョウ（周庭）の立候補を禁じた。この禁止令は、自決権を求める香港衆志の立場は扇動的で、基本法に反するという名目で発令されたものだった。禁止令はアグネスが立候補のために英国市民旅券を手放した後に発表されたため、彼女が両親の意思に反して払った自己犠牲は無駄になってしまった。そのことについてアグネスに謝罪すると、彼女は後悔などみじんも見せずにこう答えた。「私は大人よ。自分がしていることはわかっていたわ。それに、政府がやったことについて謝るような癖をつけちゃだめよ」

バッドニュースは届き続けた。九月に入ると保安局が、香港の独立を主張しているという理由により香港民族党を活動禁止処分にするという前代未聞の措置に打って出た。さらにそれから一週間ほどあと政府は、活動を禁止された党の創設者を外国特派員協会の講演に招いたとして、『フィナンシャルタイムズ』紙のヴィクター・マレット記者の就労ビザの更新申請を拒否した。海外特派員が政治的な理由で追放されたのは、香港史上それが初めてのことだった。

二〇一九年の四月には、何カ月にもわたる厳しい裁判のあと、雨傘運動に関与した九人の著名な活動家が、公的不法妨害とその扇動に関与した罪で有罪判決を言い渡された。そのうち数名は執行猶予がついたり社会奉仕活動の刑罰ですんだりしたものの、中環占拠トリオの戴副教授と陳健民元副教授にはそれぞれ一六カ月の禁錮刑が言い渡され、「ボトル」シウ・カーチュン（邵家臻）とラファエル・ウォン（黄浩銘）にも八カ月の禁錮刑が下された。

香港政府は、立法会から反対派を締め出し、街頭抗議デモを行なう人々を投獄することにより、反対陣営に一層過激なオプションをとることを余儀なくさせた。市民たちに、より暴力的な抵抗の形をとらせ、その過程で香港社会を不安定にしているのは、ほかの誰でもない、中国共産党の指令で動いている香港政界のトップたちなのである。抗議活動家としてのぼくらの課題は、道義と結果、手段と目的のデリケートなバランスをとることだ。政治に参加する権利が否定され、非暴力的な抗議が再三再四無視される中、他にどうしろというのだろう？　香港市民と国際社会を遠ざけることなく大義を貫くには、どれだけの暴力（少しでも暴力が許されるというなら、だが）が許されるのだろうか？

これらの疑問に真正面から取り組まなければならなくなるのに、そう時間はかからなかった。天安門事件三〇周年のすぐあと、そして雨傘運動により香港人が街頭デモに繰り出してからほぼ五年が経った二〇一九年六月、香港は再び政情不安に見舞われた。政府が提出し、物議を醸していた、中国との犯罪人引き渡し協定案〔以下、逃亡犯条例改正案〕が、新たな大規模抗議を引き起こしたのだ。その後に起きたことは、誰も——民主化陣営も、林鄭月娥の政権も、そして何より北京の共産党指導部でさえ——想像だにしなかったことだった。

吹き荒れる抗議の嵐の中心にあったのは、犯罪の容疑者を中国に引き渡して、中国本土で裁けるようにするという政府の提案だった。香港のビジネスマンから香港で働いている外国人、さらにはただ単に香港を通過する人まで、香港にいるあらゆる人が、逮捕され、公平な裁判と適切な手続きが保証されない向こう側の当局に引き渡される危険性が生まれる。多くの人が恐れたのはその点だった。中国の司法制度と法的保護とのあいだにある不均衡こそ、アメリカ、英国、ドイツ、日本といった、最も現代的な民主主義国家が、中国との犯罪人引き渡し条約の締結を拒んでいる理由である。実のところ、香港の返還交渉時にも、まさしくこの問題が討議されていた。そして、香港・中国間の犯罪人相互引き渡しは、中国に潜在的に存在する政治的迫害と人権侵害における懸念に基づき、香港の逃亡犯条例から明確に除外されたのである。

逃亡犯条例改正案が発表されるやいなや、市民社会は、この条例改正が香港における表現の自由に潜在的に与える恐ろしい影響を予測していきり立った。中国は、脱税や麻薬密売などの容疑をでっち上げることによって、体制に批判的な人物を刑事告発することが知られていたからだ。条例改正案の発表が行なわれたのは、中国の巨大通信機器企業ファーウェイの最高財務責任者、孟晩舟《もうばんしゅう》がカナダ当局に逮捕されるという世間の耳目を集めた事件から一〇週間ほどしたタイミングだった。そのため、中国政府はこの引き渡し協定を利用して報復を図ろうとしているのではないかと、香港在住の外国人コミュニティは震え上がった。ある中国系アメリカ人の友人は、ぼくにこう言った。「もしこの危険な改正案が通ったら、共産党は意に染まない人物に自由に手を下せるようになる。書店員のときのようにわざわざ拉致工作をする手間を省いて、オープンかつ法的に堂々とやれるようになるんだ!」

中国政府に対する不信はさておき、香港人がもっと腹を立てたのは、香港市民から激しい抗議の声が沸き上がったにもかかわらず、林鄭月娥行政長官がこの改正案を頑なに通そうとしたことだった。

行政長官の強硬姿勢は、あらゆる市民にこんな思いを抱かせた。香港社会は、すでに分断されている上、住宅政策や高齢者の貧困といった、より喫緊の問題がほかにあるのに、なぜ彼女は、誰も望まない改正案にこれほどこだわるのか？　これは北京の考えなのか、それともボスを感心させるために彼女が思い付いたアイデアなのか？　答えがどちらであるにせよ、自ら引き起こしたこの危機は、空気の読めないキャリア組官僚というイメージを彼女に植え付け、選挙で正当に選ばれていない政府の問題点を明確に示すことになった。

大規模抗議デモが六月に過熱し始めたときには、雨傘運動が再び戻ってきたかのように見えた。しかし今回、抗議者の怒りはより激しく、抗議活動もより闘争的だった。二〇一四年に無視されたときの轍《てつ》を踏むまいとする若者の声は、叫び声から耳をつんざく怒声に変わった。そして、それぞれ一〇〇万人以上が参加した立て続けの抗議デモをもってしても政治の針を動かせなかったとき――未曾有の数の市民が抗議したにもかかわらず、香港政府も中国政府も逃亡犯条例改正案の撤回を拒んだとき――街頭デモは一気にエスカレートした。ほどなくして平和的な行進は、フルスケールの都市ゲリラ戦に取って代わられた。

黒服に身を包み、黄色のヘルメットと、顔の半分を覆う保護マスクを身に着けた好戦的なタイプの抗議者が現れ、抗議運動は規模と組織の両面で拡大した。顔も指導者も持たないこの運動は、クラウドソーシングアプリを活用して自律的に動き、警官隊と衝突して、親中派とみなす事業者の営業所を破壊し始めた。道路舗装用の煉瓦を掘り起こして警官隊に投げつける者もいれば、火炎瓶を投げたり、地下鉄の出口に火を付けたりする者まで現れた。反政府メッセージを書き込んだある落書きは、行為を正当化できるとまでは言わないまでも、より攻撃的な戦略を使うことについての皮肉をにじませている。「平和的な抗議活動がうまくいかないことを教えたのはおまえたちだ！」

これらに対して警察は、ゴム弾、スタン擲弾《てきだん》、ビーンバッグ弾、放水銃、さらには実弾まで使って抗議者を弾圧するという前例のない暴挙に出た。さらに事態を悪化させたのは、雇われた暴漢が機に乗じて抗議者や通行人の別なく殴り込みをかけ、警察官はそれを止めるどころか、暴漢の護衛までやってのけたことだった。こうしたことにより、警察に対する市民の反感はかつてないほど高まった。林鄭月娥がダース・ベイダーだとすれば、香港警察は、アーマーに身を包んでブラスターを振り回し銀河共和国の全住民を恐怖に陥れるストームトルーパーだ。

香港金融街のすぐそばの上環《ションワン》で、密集した機動隊に抗議者たちが対峙した七月の夜のことを、ぼくは生涯忘れないだろう。午前零時を少し回ったころ、警察が抗議者を排除しようとして催涙ガス弾を続けざまに群衆に向けて打ち込み、閑静な住宅飛び地をガスの充満する戦場に変えた。ネイサンとぼくは前線に出て、警官隊の指揮官を説得しようとしたのだが、その試みは失敗に終わった。紙のように薄い不織布マスクは立ち込める煙にまったく役に立たず、ぼくらは呼吸困難をきたして咳《せき》が止まらなくなった。襲ってくる催涙ガス弾から逃げようとしたが、その数はあまりにも多く、まわり一面にたちこめるガスにすっかり包まれてしまった。「もうこれまでだ。ここで窒息して死ぬんだ」と思ったとき、抜け道をみつけたネイサンがぼくを安全圏に引き入れてくれ、命拾いをした。

暴力的な衝突の連鎖が香港を交戦地帯に変えて三カ月が経った九月、ついに行政長官が折れて、逃亡犯条例改正案の完全撤回を正式に発表した。だが、彼女の譲歩は「あまりにも少なく、あまりにも遅い」として抗議者に受け入れられず、市民の怒りを鎮めるには至らなかった。その頃までに反逃亡犯条例活動は、説明責任と民主化を求める、より広範な運動へと進化していたのだ。街頭で叫ばれるスローガンは、「反送中（中国への引き渡し反対）」や「徹底撤回修例（条例改正案の完全撤回）」というものから「光復香港・時代革命！（香港を解放せよ・革命の時代だ）」や「五大訴求 欠一不可（五大要求はひとつも欠かせない）」に変わっていた。この五大要求には、警察の不正行為を捜査する独立調査委員会の設置、逮捕されたデモ参加者の逮捕取り下げ、そして普通選挙の実施が含まれている。

いろいろな意味で、香港のこの新たな市民蜂起は、市民による民主化運動のうねりという、より大きな世界的潮流の一環だといえる。チェコ共和国から、ロシア、イラン、カザフスタン、エチオピアに至るまで、ごくふつうの市民が、わずかな表現の自由を可能なかぎり行使して、腐敗、経済政策の失敗、そして市民的自由の後退に抗議を唱えている。さらには地球の反対側でも、たとえばヴェネズエラでは、ニコラス・マドゥロ大統領が議会と裁判所を自分の息のかかった人物で満たして独裁体制を確立しようとし、それに続いて国家経済が破綻したことから、膨大な数の市民が街頭デモに繰り出して大統領の辞任を要求した。ごく最近ではチリで、地下鉄の運賃値上げに反対する暴力的なデモが、貧富の格差是正を要求する本格的な民衆蜂起に転じている。同様にレバノンでも首都ベイルートで、一連の増税や緊縮政策に反対する抗議者たちが主要幹線道路を占拠した。

一方、非常にダイナミックで、活動の対象が非常に普遍的なものであることから、地理的な境界を越えて世界中の市民を奮い立たせている抗議運動もある。たとえば二〇一八年五月に英国で生まれた「エクスティンクション・リベリオン（略称ＸＲ）」は、気候変動に対してただちに行動をとり、この問題を人類存在の危機として捉えるよう政府に要求している。この運動は、活動開始後一八カ月の間に五大陸六〇以上の都市に広がり、主にスウェーデンの一〇代活動家グレタ・トゥーンベリのパワフルな発言のおかげで多数の「ＸＲユース」が奮い立ち、抗議運動に加わることになった。「ＸＲ」からアメリカの「ポスト・パークランド銃規制法運動」〔二〇一八年にフロリダ州パークランドの高校で起きた銃乱射事件をきっかけに全米で生じた高校生のデモ〕まで、こうした草の根運動の多くは、ますますミレニアル世代〔一九八〇年代から二〇〇〇年代初頭までに生まれた世代〕とジェネレーションＺ〔一九九〇年代後半から二〇〇〇年代に生まれた世代〕に担われるようになっている。なぜなら、自分たちの前の世代の不活動や黙諾の影響を最も被るのは、往々にして若者自身だからだ。

先進国だろうが開発途上国だろうが、ソーシャルネットワークとクラウドソーシングツールによって可能になったボトムアップの抵抗運動は、ゆっくりと、だが着実に勢力を結集し、したたかな「第五階級《フィフス・エステート》」となって、支配階級に責任をとらせようとしている。行政、立法、司法という政府の三権がもはや民主主義的価値を守る効力を失くし、自由な報道という第四階級も、ますます標的にされて沈黙させられるようになった今、第五の勢力が新たに出現し、権力を抑制して力の均衡を図るという重要な役割を担うようになったのだ。

香港がまさにそのよい例である。政府トップの行政長官を含め、香港の行政官は、中国政府が指示を実行させるために自ら選んで据えた者たちだ。親体制派の議員に初めから大半を占められている立法会は、反対派の議員資格を剝奪するという理不尽な行為により、さらに無力化している。かつて香港の誇りで、その経済繁栄の基盤だった司法も、中国の立法機関である全人代による度重なる却下決定に弱体化させられている。一方、親中派のビジネス界は、広告を取り下げたり、ときには報道機関を丸ごと抱え込んだりすることによって、メディアに圧力をかけている。その例が『サウスチャイナ・モーニング・ポスト』紙〔香港で発刊されている日刊英字新聞〕だ。同紙は、中国の姿を世界の目に好ましく映すという露骨な目的のために、中国のeコマースジャイアント、アリババ（阿里巴巴集団）に買収されたのである。こうして四つの階級が機能不全に陥るなか、市民の力による第五階級《フィフス・エステート》が、それらの穴を埋めるべく出現したのだ。大規模抗議活動が国への対抗勢力として働くというこの世界的なパターンをよく表しているのが、ディストピア映画『Vフォー・ヴェンデッタ』の次のセリフである。

「市民は政府を恐れるべきではない。政府こそ市民を恐れるべきなのだ」

香港が混沌《こんとん》の底にますます沈んでいくなか、ぼくは、この闘いは香港市民だけでは成し遂げられないと確信するようになった。四面楚歌の香港は、政府と中国政府の両方に圧力をかけるために海外の支持を呼び集め、海外政府に働きかける国際的なインフルエンサーを必要としていた。そしてぼくには、その役割を担う心づもりがあった。こうして九月、ぼくはアメリカの「中国問題に関する連邦議会・行政府委員会（CECC）」で証言するためにワシントンDCに飛んだ。同行したのは、元広東ポップ歌手で人権活動家になったデニス・ホー（何韻詩）と、香港衆志のメンバー、ジェフリー・ゴー（敖卓軒《ごうたくけん》）だ。

ジェフリーは、ワシントンに拠点を置いて活動する、ジョージタウン大学博士課程の学生で、香港衆志の実質的な海外連絡担当員である。ぼくが海外で行なったスピーチのほぼすべての原稿はジェフリーが作成し（彼の英語力はぼくより優れている）、『ガーディアン』『ウォールストリートジャーナル』『タイム』といった国際的な新聞や雑誌に載せた数多くの論説は二人で共同執筆したものだ。

CECCの公聴会で行なった「香港の不満に満ちた夏と米国の政策反応」と題した証言には、焦点がふたつあった。まずひとつめは、逃亡犯条例改正案が引き起こした、悪化しつつある社会不安の説明。そしてふたつめは「二〇一九年香港人権・民主主義法案」可決への支援を集めることだ。この法案が成立すれば、アメリカ政府は、何より行政長官の林鄭月娥や保安局局長の李家超《りかちょう》といった政府高官、そして抗議者を暴力的に弾圧している香港警察のトップたちに制裁を科せるようになる。たとえば、該当者の入国を拒否したり、オンショア資産の凍結を行なったりできるようになるわけだ。「香港保護法案」というふたつめの法案も提出された。この法案は、デモ隊の制圧に使われる武器を、アメリカから香港に輸出できないようにするものである。

公聴会では、香港における状況の深刻さを伝えることに心を砕いた。「最近の政治的危機は、国際都市香港を警察国家に変貌させました。この状況はまさに〝一国二制度〟の崩壊だと言えます。今こそ、香港の民主化のために超党派の支援が求められています。これは左か右《ライト》かの問題ではありません。正義《ライト》か不正かの問題です」

公聴会でマルコ・ルビオ上院議員やＣＥＣＣの委員長であるジム・マクガヴァン下院議員といった大物政治家の臨席を賜ったことには大いに勇気づけられた。また、海外に住む香港人が詰めかけた会場で話ができたことにも、とても鼓舞された。これだけ大勢の香港人聴衆が集まったのは、五年前の雨傘運動の際の議会聴聞会に比べると天と地の差である。そのときには、香港人の聴衆は、ほぼジェフリーただ一人という状況だったのだ。海外に暮らす香港人の支援と関心を集めるうえで、ぼくらは長足の進歩を遂げたといえる。

ぼくは証言を厳粛な嘆願で締めくくった。「今こそアメリカ議会が香港人権・民主主義法案を可決すべきときです。さらに、アメリカ政府が対中国政策を検討する際には、人権問題を最優先課題に取り上げるよう望みます」

公聴会のあと、デニス、ジェフリーとぼくは別の部屋に通された。そこでは、記者会見に臨むぼくらをナンシー・ペロシ下院議長とエリオット・エンゲル下院外交委員長がジョージ・ワシントンの巨大な肖像画の下で待ち受けていた。報道機関に向けたスピーチを終えたあと、ペロシ下院議長はぼくを抱きしめてこう言った。「あなたは、世界中の若者の勇気の源です。あなたの勇気と決意に感謝します」それは、一九九一年に訪中した際、天安門広場で「中国で民主化のために命を捧げた人々へ」と書かれたバナーを手に持って天安門事件を非難した勇敢な女性下院議員、そしてその後アメリカの政治界で最も影響力のある女性となった人物の口から出た言葉だった。香港を支援し香港の側に立って闘ってくれる国際社会にペロシ議員が、そして他の有力な人物がいてくれることをありがたく思う。

連邦議会議事堂を後にしたとき、警察の非常線の背後に留《とど》められていた怒れる中国本土の示威者の群れが、ぼくら三人に向かって「売国奴！」「追従者！（走狗）」などと叫びながら中国国旗を振り回し、拳を宙に突き上げた。ぼくは最も大声を出している者の目を見据えて、広東語で言ってやった。

「このアメリカの自由な空気を深く吸い込んでおくといい。香港にはほとんどないものだからな」

丸い穴にはまった四角い栓——二〇四七年へのカウントダウン

二〇一六年初夏、香港一高いビル「環球貿易広場（ＩＣＣ）」の壁面が、毎夜一分間だけ巨大なデジタルタイマーと化した。タイマーは、香港の半自治体制を保証する「一国二制度」が終了する二〇四七年七月一日に向かって、毎秒ごとに時を減らしていった。この光の作品を制作したのは香港の二人の若手アーティスト。この作品で、迫りくる最終期限と中国の香港締め付け強化に対する不安を表したのである。反体制的なメッセージに気づいたビルの管理者はＩＣＣのライトショーを中止して、この作品から距離を置いたが、アーティストたちはすでに目的を果たしていた。このいわゆる「カウントダウンマシン」の画像は、ソーシャルメディアや世界中の新聞によって拡散してしまっていたのだった。

香港は「借り物の時間における借り物の場所だ」という植民地時代の決まり文句がある。決まり文句がみなそうであるように、この言葉にもある程度の真実がある。返還前、不安におののく市民たちは英国の統治が終わる時を刻一刻と待った。そして、一九九七年六月三〇日の深夜に時計が零時の鐘を打ったその瞬間、次の五〇年間のタイマーが動き出したのだった。七五〇万人の住民にとって、香港はひとつの巨大な賃貸アパートであり、みなその借家人にすぎない。ぼくらが完全かつ永久に所有できるものは、何ひとつないのだ。

だが、何かがおかしくなっていることを知るには、二〇四七年まで待つ必要はなかった。主権譲渡から二〇年以上経った今、当初は無害に見えていた中国による統治の真の影響が、ついに実感されてきて、市民は「一国二制度」という枠組みが、約束というより神話に近いものであることに気づいたのである。雨傘運動から、今も続いている逃亡犯条例危機に至る近年の市民蜂起は、この枠組みに備わる矛盾を浮き彫りにした。そもそも、全体主義国家が、自由社会制度を持つ地域をそのまま統治することやそれを容認することなど、どうして期待できようか？

「一国二制度」についてどう思うか、と海外の人から尋ねられると、ぼくはよく「香港人は中国共産党に騙《だま》されたんだ」と答える。「中国共産党は自由の価値を理解していないし、ましてや、自由を容認することなど絶対にしない。それは、まるでアメリカ合衆国が国内に共産主義者の自治領を抱えるくらい逆説的なことだ」と。どう考えても、中国による統治のもとでの香港民主主義というのは、丸い穴にはまった四角い栓のように馴染まないものなのだ。

中国と香港は常に対立していたわけではない。想像することさえ難しいが、さほど遠くない過去に、母と子がうまくいっていたときもあったのだ。英国の植民地が中国の特別行政区に何の問題もなくすんなり移行したあと、香港市民は自らの運命が中国本土にいる兄弟姉妹の運命と絡み合っていることを見出し始めた。そして、中国が繁栄すれば香港も繁栄し、その逆もまた真なりと信じた。境界を越えた経済統合は、避けられないものであると同時にチャンスでもあった。こうして、一九九七年以前に香港から脱出した多くの香港市民が香港に戻ってきた。中には、よりよい報酬と出世の機会を見込んで、中国本土に移る者さえいた。

二〇〇三年にSARSが流行して香港経済が苦境に陥ると、中央政府は観光産業によって香港経済を回復させようと目論み、中国本土から香港への旅行制限を緩和した。命を脅かす恐ろしい病気に痛手を負っていた香港の市民は、もろ手を挙げて中国本土からの観光客を歓迎した。二〇〇八年にマグニチュード8の壊滅的な地震が四川省を襲った際には、香港人がそのときの恩に報い、心と財布の紐《ひも》を緩めて、何億ドルもの寄付と備品を四川省に送ったものである。ぼくの教会でも、大地震が発生したあとの最初の日曜日には、地震犠牲者に黙禱《もくとう》を捧げ、献金箱を教会中に設置した。

こうして、かすかな愛国心のようなものが香港市民のあいだに芽生え始めた。そうした感情は高まり続け、国際社会にデビューする中国のお披露目パーティーとなった二〇〇八年の北京オリンピックで最高潮に達した。香港人は「自分のチーム」を応援しようと首都に押し寄せ、五つ星の中国国旗を振りながら、「加油、中国！（がんばれ中国！）」と叫んだ。当時ぼくは一一歳で、北京オリンピックを見に行った同級生が、お土産に公式マスコットの福娃《フーワー》〔幸福をもたらす五人の童子をイメージしたもの〕のキーホルダーをくれたのを覚えている。彼はウォーターキューブという愛称で呼ばれている象徴的な北京国家水泳センターの前で撮った写真も見せてくれた。それには家族全員がお揃いの「I♥China」Tシャツを着て写っていた。

だが、香港人が中国に対して抱いた一瞬の誇りも、長続きすることはなかった。膨大な数の訪問客が境界を越えてとめどなく押し寄せたために交通渋滞は慢性化し、香港は徐々に中国本土からの客を相手にする巨大な免税店と化していった。小売商の家賃は高騰し、愛されてきた地元の食堂や家族経営の店は、赤いドルを惹きつける個性のないスキンケアチェーンと薬屋に取って代わられた。さらに悪いことに、香港は裕福な中国本土の実業家や政府高官が当局から財産を隠すための避難地となり、その過程で不動産価格が吊り上がっていった。雨傘運動に至るまでの一〇年間で、住宅地の不動産価格はじつに倍以上になり、香港は来る年も来る年も、世界で最も住宅価格の高い都市になった。

だが、こうした日々の不満は単に全体像の半分を示すにすぎない。二〇一二年に習近平が政権を握って以来、香港社会に対する北京の締め付けは、厳しいというレベルから、窒息させられそうになるレベルにまで強まった。普通選挙の望みを打ち砕いた八月三一日の方針から、書店関係者拉致、宣誓ゲート事件、政治囚の収監まで、香港人は自分たちが立っている政治の地面がゆらぎ、縮みつつあることを実感した。次々と起こる政治的対決は、香港は植民地のステータスを脱ぎ捨ててはいないし、これからもそれから自由になることはないという思いを裏付けている——香港はひとつの帝国主義国家から、もうひとつの帝国主義国家に移されただけなのだ。

母国に属さないという意識の高まりは、集団的なアイデンティティの危機をもたらすことになった。世論調査が行なわれるたびに、香港市民、とりわけ若者は、「中国人」というアイデンティティから身を遠ざけ、ますます「香港人（Hong Konger）」や「香港の人（Hong Kong people）」、あるいは「Cワード」〔Cで始まる忌み言葉。ここでは「チャイニーズ」のCのこと〕以外の他の呼称で自らを呼ぶようになっていることが示される。この「中国人以外ならなんでもいい」という感情は、新たなアイデンティティが作り出されるにつれて、ますます高まっていった。この新しい自己像は、最近の逃亡犯条例危機から生まれた抗議の賛歌『栄光あれ、香港（願栄光帰香港）』によく表れている。

夜明けだ　取り戻せ　香港
正義の時代の革命
民主と自由　永遠に
栄光あれ　香港！

（訳＝YM with friends）

母と子の愛憎関係は双方向のものだ。香港人が共産主義中国を不信と蔑みの目で見ているのと同じぐらい、共産主義中国も香港を統治するアプローチについて考え直している。中国の世界貿易機関

（WTO）加盟、およびその後の驚異的な経済成長は、中国政府にとっての香港が財政面でも戦略面でも、かつてほど重要ではなくなったことを意味した。実際、香港の返還以来、中国は、言うことを聞かない子供を据え換えようとして、上海と深圳の育成に組織的な努力を傾けてきた。中国でビジネスを行なうには知的財産の窃盗から法規範の欠落まで多々の危険が伴うにもかかわらず、香港をバイパスして地域拠点を中国本土に置こうとする多国籍企業の数は増加の一途を辿っている。

共産党指導部にとって、もはや香港は、金の卵を産むガチョウではなくなったのだ。かつて中国の玄関口だった香港は、今では中国政府から、政府転覆を図る輩《やから》の温床とみなされている。雨傘運動も逃亡犯条例危機も、中国の統治に対するあからさまな挑戦と受け取られているのだ。もし放っておいたら、勝手気ままな反対意見が中国本土に広がり、共産党政権の安定そのものを脅かすことになる。中国政府にしてみれば、特別行政区はその価値以上に問題の多い場所であり、中国指導部が「西洋かぶれの泣き虫」とみなす連中を抑制する唯一の方法は、彼らを永遠に思春期の状態に留め、決して政治的成熟が達成できないように図ることなのだ。

この双方向の不信と蔑みこそ、二〇四七年に向かう香港の背景にあるものだ。抑圧が抵抗を呼び、抵抗がさらなる抑圧を呼ぶなか、残る二十数年の先行きは厳しい。香港人もこの暗い見通しについては自覚しており、すでに第二の集団脱出が始まっている。一九八〇年代と九〇年代に親の世代がやったのと同じように、香港人が一斉に故郷を後にしているのだ。ぼくの身近でも、収監以降の二年間に、多くの親類や家族の友人が海外に移住していった。近頃、書店は、『台湾でカフェを開く香港人のためのガイド』とか『バカでもわかるヨーロッパ移住』などと題された本で溢れている。ぼくの両親の世代が二〇～三〇代だったときに話していたような会話も、食卓やオフィスの飲料マシンの横などで交わされるようになった。たとえば「オーストラリアで永住ビザを取るためのポイントシステムって、どんなものなの？」とか「子供たちがまだ小さい今こそ行ったほうがいい。そのほうが現地にうまく同化できるし、中国なまりのない英語が話せるようになるから」といったように。

五〇年間のカウントダウンの半ばに差し掛かった今、香港は自らの存在に関わる分岐点に立っている。半世紀もあれば、共産党政権の中国は民主化する、あるいは、少なくとも政治改革において、香港と途中で出会う地点まで来る、という仮説が見事に誤りであったことは、すでに証明済みだ。二〇四七年が来れば、香港はこのままの状態になるか（中国政府が「一国二制度」政策は国益に叶うとみなした場合）、あるいは「一国一制度」のシナリオのもとに中国の他の地域に完全統合されるか（こちらのほうが可能性が高い）のいずれかになる。現在の方向性に鑑みると、一般のあいだでつぶやかれている「香港は中国大陸の一都市になってしまう」という嘆きが現実になるのは避けられないように思える。あとふたつのオプションは、香港人が完全な独立を手にする、あるいはソ連崩壊後の東欧諸国のように共産党政権の崩壊を待って生き延びる、というものだが、世界を支配する経済・政治強国の地位に上り詰めつつある中国の破竹《はちく》の勢いを見ると、いずれも実現するとは考えにくい。

だが、たとえ将来がどれほど暗いものに映ろうが、ぼくは、打つ手は何もなく香港は終わった、という失望感の高まりに与《くみ》するつもりはない。時が刻々と二〇四七年に近づくにつれ、ぼくは以前にもまして、自由と民主化への闘いは最後に勝利するという確信を強めている。そう楽観する理由は、民主主義は必然的な世界の潮流であり、最も手ごわい政権でさえその動きを反転させることはできないという確信があることに加え、香港の人々にゆるぎない信を置いているからだ。ぼくらは、昔から使われてきた、香港人の真髄を表す「獅子山《ししざん》精神」という一語に示される、勇気、粘り強さ、復活力、創意、機知、目的意識によって結ばれている。それは、太古の昔からぼくらを見守ってきた獅子山（ライオンロック）に啓発された信念であり、精一杯努力さえすれば、どんな逆境でも必ず克服できるという、香港人が共有する信念だ。

だから、どうかまだ香港から手を引かないでほしい。第二次世界大戦中の日本による占領、千年紀が変わったころの中国権力の復活、二〇〇三年における命を脅かす疫病の蔓延、そして二〇一四年に全面的な市民蜂起が香港の土台をゆるがしたとき、その都度懐疑論者は、香港の終焉を予言してきた。だが、そのたびに、そうした予言は誤りであったことが証明された。たとえどんな障害に直面しても、香港は政治的成熟を達成し、復元力と抵抗の象徴として世界を照らす灯になるだろう。ぼくはそう確信している。

二〇四七年、ぼくは満五〇歳になっている。そのとき子供たちに、おまえたちの父親は祖国を守るために充分闘ったと言えるようになりたい。おまえたちの父親は、返還時に祖父の世代が犯した間違い、他人に自分の将来を決めさせるという間違いは犯さなかったと。

世界二帝国——新たな冷戦

二〇一九年一〇月一日、中国共産党は中華人民共和国建国七〇周年を祝った。終日行なわれた式典は、天安門広場における党始まって以来の大軍事パレードで頂点に達した。完璧な編隊飛行の戦闘機が空を切り裂き、習近平国家主席が注意深く見つめるなか、核兵器搭載可能なミサイルや、見たこともないような兵器システムが長安街をパレードした。嵐のような拍手に包まれて習近平はこう宣言した。「中国人は世界が刮目《かつもく》する偉大な成果を成し遂げた！　もはやいかなる勢力も中国とその人々の前進を阻むことはできない！」

一九七八年に始まった鄧小平の「改革・開放政策」（一九八〇年代後半にソビエト連邦の改革を目的にゴルバチョフ書記長が推進したグラスノスチ〔情報公開〕とペレストロイカ〔改革・再編〕政策の中国経済版に当たる）と、それを危うく脱線させそうになった天安門事件〔一九八九年六月四日に発生〕後の数十年間、自由世界は、中国の経済的繁栄は同国に政治改革をもたらすという前提のもとで動いてきた。生活の質が向上するにつれて中国の人々の教育水準が高まり、世界と協調するようになると思われたのだ。そして、世界に目を向けるようになった中国の国民は、より大きな自由と説明責任を政権に要求するようになり、政権は政治制度をより近代的かつ民主的に変革することを余儀なくされるだろうと予想していた。このパターンは、韓国や台湾といった他のアジア諸国では機能した。だから中国もそうなるはずだった。時と富も、「世界の中心の国（中国）」に自律的な変革作用を促すことになるだろうと考えられていた。

鄧小平の後継者である江沢民《こうたくみん》とその後任の胡錦濤《こきんとう》は、このパターンを概ね踏襲した。経済成長には積極的だったが、国粋主義の掲揚とイデオロギーの統制については比較的穏やかだったのだ。二〇〇一年に中国が世界貿易機関への加盟を許されたのもそれゆえであり、そのあと中国は「世界の工場」としてのステータスを打ち立ててゆく。二〇〇八年の北京オリンピックは、中国が自ら標榜する通りの善意ある経済大国であり、その「平和的な台頭」は中国人民だけでなく世界にとっても有益であると世界に示す手段だった。

しかし二〇一二年、習近平が一〇年に一度の首脳部交代で、政治的ライバルを蹴落として最高指導者の地位に上り詰めたときに、すべてが変わった。毛沢東と共に国共内戦を戦った高名な革命家の息子である習近平は、パンダの皮を着た狼だ。その穏やかで控えめな公的ペルソナの下には、野心と冷酷さが潜んでいる。中国最高の地位に就任して以来、彼は偉大な共産党指導者の殿堂において、毛沢東に次ぐ場所を確保しようと目論んできた。そして二〇一七年、習近平は自らの政治理念を、毛沢東と鄧小平の教えに並べて党規約に盛り込ませることに成功する。その数カ月後には、国家主席の任期を撤廃する憲法改正を全人代に採択させ、実質的に自らを終身皇帝の座に据えたのだった。

中国国内に目を向けると、習近平は全国で実施した反腐敗キャンペーンを利用し、政治的ライバルを追放して権力を固め、社会調和を図るという名目のもとに反対派を抑え込んだ。中国政府は今、顔認識、オンライン監視といった最先端のテクノロジーを配備して、市民を監視し世論を操作している。何百人もの人権派弁護士や活動家が逮捕され、国家転覆扇動罪に問われて有罪判決を受けた。カトリック教徒は日常的に迫害され、教会が襲撃されて破壊されるにつれ地下に潜ることを余儀なくされている。チベット自治区の住民は言論、宗教、移動の自由を奪われ、新疆《しんきょう》ウイグル自治区では三〇〇万人とも言われるイスラム教徒のウイグル族の人々が再教育キャンプに強制収容されている。

一方、国際面では、南シナ海の人工島に海軍と空軍の基地を築いて軍事力を誇示し、マレーシア、インドネシア、フィリピンなどの近隣諸国を不安に陥れている。さらには、日本、インド、ベトナムとの領有権問題においても顕著に強気の姿勢に転じた。中国はまた、アメリカ、カナダ、オーストラリア、インドにおいて、政府のネットワークと研究機関に組織的なサイバー攻撃をかけていると糾弾されている。

こうした「ハードパワー」による権力の行使と同じぐらい行なわれているのが、フルスケールの「シャープパワー」攻撃〔権威国家が、脆弱な民主主義国家に対し世論操作や工作活動を行なって自国に有利な状況を作り出す外交戦略〕だ。中国は、高まる経済・文化的影響力を巧みに使って他国を誘惑、強要、操作、威嚇《いかく》することにより、中国への服従と協力を引き出している。また、世界中で「孔子学院」を設立し、中国語教育と文化交流を装って自国のプロパガンダを広めている。野心的な「一帯一路（ＢＲＩ）」構想においては、自国のインフラに基づく経済モデルを、ミャンマーやスリランカからカザフスタンやキプロスに至るまで積極的に売り込んでいる。中国の企業が手にする数十億ドルもの建設契約は往々にして不正にまみれている上、相手国に多額の債務を抱えさせており、相手国政府に対する中国の政治的影響力はますます強まっている。

地域外交にこの「飴《あめ》と鞭《むち》」を組み合わせることにより、中国は、工業製品やインフラのノウハウなどより、はるかに多くのものが輸出できるようになった。ちょうど冷戦時代に、ソビエト連邦が共産主義を諸国に広めようとしたように、習近平も、自らのブランドである一党支配をアジア諸国、そしてさらには遠隔諸国にまでますます広げようと目論んでいる。中国企業は、中東と南米の独裁政権に、「スマートシティ」テクノロジーと婉曲的に呼ぶ市民監視システムのマーケティングと販売を行なっている。北朝鮮とミャンマーが国際的な非難と孤立にもかかわらず処罰を受けずに存続していられる主な理由も、中国政府がこの二国の残忍な政権を公に是認して経済支援を行なっているからだ。

中国の未曾有の経済的影響力と政治的地位は、多くの政府、とりわけアジアの近隣諸国を同国の同盟国や助っ人に仕立てあげたが、あるときぼくは、それを肌身で感じることになった。二〇一六年一〇月、バンコクにあるチュラロンコン大学で若者の政治活動について講義するためにタイに出かけたとき、バンコクの空港で理由もなく当局に拘束されたのだ。暗い監房に監禁されていたとき、一人の看守が片言の英語でこう話しかけてきた。「ここはタイだ。香港じゃない。タイは中国とおんなじだ！」彼は両国における人権保護の欠如について言及していたのである。それはぼくの人生において、他にないほど恐ろしく感じられた出来事だった。単に言葉が通じなかったからだけではなく、弁護士が得られない状態で外国の地にいたからだ。さらに、そのタイミングは銅鑼湾書店関係者拉致事件のすぐあとでもあった。拉致された書店関係者の一人は、タイのビーチリゾートのパタヤで休暇を楽しんでいたときに蒸発したのである〔中国国内に拘束されていたこの桂民海《グイミンハイ》氏は、二〇二〇年二月末に懲役一〇年の実刑を下された〕。一二時間後に釈放され、同日に香港に送還されたものの、この一件はぼくにとって、中国政府の影響力が遠く離れた地にまですでに及び、外国政府は中国の命令を実行しなければならないよう脅されているという事実を直視させるものとなった。今では、ぼくが行動できる中国近辺の地域は非常に限られ、安全に訪ねることができるアジアの地域は、片手で数えられるほどになってしまった。つまり日本と韓国と台湾だけだ。

今や、平和裡《へいわり》に超大国への歩みを進めているという中国の見せかけは、決定的に破綻してしまった。この世界第二の強国は、独裁主義政権が国の内外で民主主義的権利を侵害するという気がかりな世界的傾向を加速させている。ぼくらは、もうひとつの独裁主義超大国であるロシアが、国内では反政府活動家を弾圧し、海外では隣国ウクライナからクリミアを奪って併合する姿を見てきた。同様に、インドのナレンドラ・モディ首相の政府も国内の反対勢力を黙らせようとし、憲法に規定されていたカシミール地方の自治権を剝奪して同地方に軍事侵攻した。トルコの政権もジャーナリストを投獄し、シリア北部にクルド人数百万人を追放しようとしている。

彼らの動機はただひとつ、自己永続化だ。こうした政権は、国内で権力を固めて維持するためなら、反体制派を潰し、市民社会を麻痺させ、邪魔な問題を取り除くことに何の良心の咎《とが》めも感じない。国境の向こう側で軍事力を展開させるのは、海外に力を誇示するため、そしてなにより、自国民を感心させると同時に怯《おび》えさせるためだ。このダブル攻撃は欠かせない。なぜなら、独裁政権は往々にして内部の派閥抗争を抱え、地域的な反体制勢力とも戦っているからだ。たとえどれほど外の世界には無敵で不死身のように見えようとも、このふたつの前線という戦略は、彼らが権力を保持して存続するための唯一の手段なのである。海外における領土拡大、および国内における少数派と人権活動家の弾圧を行なう中国は、まさにその典型だ。

だが、これですべてではない。諸大陸にまたがる習主席の一帯一路構想は、中国のさらに遠大な野望を示唆している。それは、世界の貿易と国際外交におけるアメリカの支配に挑むことだ。香港に対する「一国二制度」という枠組みもまた、いろいろな意味で、共産党指導部が描く世界との関係を示している。習近平は、新たな世界秩序という自らの壮大な構想において「一世界二帝国」という枠組みを進めているのだ。そこでは、アメリカとその同盟国が権利に基づくリベラルなイデオロギーを守る一方で、中国と他の一党独裁国家が自由世界に不干渉を要求しながら、静かに抑圧的かつ拡大的な計略を推し進めていくことになる。一帯一路は、第二次世界大戦以来、東アジア地域における安全保障の防塁《ぼうるい》となってきた、アメリカ主導による日本、韓国、フィリピン、台湾、オーストラリアの同盟関係に対抗する戦略的封鎖網を築くための見え透いた計略なのである。

新たな冷戦が中国と民主主義世界とのあいだにくすぶり始めている。香港はその最初の戦闘の最前線を死守しているのだ。二〇一九年一〇月一日にテレビで放映されたライブ映像のシュールな「分割画面」ほど、その緊張感を鮮やかに捉えたものもないだろう。その日は中華人民共和国建国七〇周年で、北京で行なわれている式典の映像がライブ放映されていた。そしてその横に、反体制デモの活動家たちが催涙ガスに襲われながら習近平の肖像に卵を投げつける香港の街角の様子が映し出されていたのである。このふたつの物語のコントラストは、旧約聖書のダビデ対ゴリアテの闘い〔勇敢な羊飼いの少年ダビデが敵の巨人ゴリアテを倒した〕を思わせる「香港人」対「比べものにならないほど強大な政権」の闘いを象徴していただけでなく、中国による香港の締め付けは、世界の民主主義に対する、より大きな脅威の一部であることを世界に明確に示すメッセージでもあった。

この建国記念日を五カ月遡る二〇一九年五月、ぼくは再び投獄された。雨傘運動において裁判所が出した立ち退き命令に違反した罪で、荔枝角《ライチーコック》にある矯正施設、荔枝角収押所に収監されたのだ。ぼくは両親を安心させるために状況の深刻さをはぐらかそうとして、壁屋懲教所で刑務所スラングを身に着けたから、もうほかの受刑者と充分うまくやっていけると伝えた。そして、一番残念なのは、何度も観た『アベンジャーズ／インフィニティ・ウォー』の続編『アベンジャーズ／エンドゲーム』の上映初日に出かけられないことだと冗談を言った。

刑務所に向かう途中、ある外国人記者が放送で短く使うサウンドバイト用に、二度目の収監、そして中国による民主派活動家の弾圧一般についてどう思うかと尋ねてきた。ぼくは両親との会話を思い出してこう答えた。「これはぼくらのエンドゲームではありません。中国共産党に対するぼくらの闘いはインフィニティ・ウォーです」と。

残念ながら、長年にわたって香港を荒廃させてきたこのインフィニティ・ウォーは、あなたの近くの政治シネマでも近日上映の運びとなるかもしれない。

炭鉱のカナリア——民主主義のための国際マニフェスト

二〇一九年九月に開かれた「中国問題に関する連邦議会・行政府委員会（CECC）」の公聴会で、ぼくはアメリカ連邦議会委員会に対して警告した。「香港で起きていることは世界にも関わることです。香港の人々は、中国の独裁的支配と闘う最前線に立っています。もし香港が陥落したら、次に襲われるのは自由世界かもしれません」

香港はぼくが生まれた土地、ぼくが住み、愛してやまない土地だ。この魅力に満ちた場所には、目に映る以上のものがある。空に聳える超高層ビルと煌《きら》めくショッピングモールで知られるこの半自治体制の特別行政区は、中国全土のなかで、市民があえて勇気を奮い起こし体制に立ち向かっている唯一の場所でもあるのだ。それは、自分たちの存在自体がこの抵抗にかかっているからである。近年における抵抗の高波はこの金融センターを、善かれ悪しかれ政治的な要塞に変えることになった。香港を永遠に続く思春期に押しとどめようとする中国政府の努力にもかかわらず、香港は脱皮し、その主人を追い抜いて成長したのである。それにつれて香港の人々もまた、傍観する経済人から高潔な自由の闘士へと変貌した。返還以来、香港人は独裁主義の超大国に対し、その声、その尊厳、そしてその信念というわずかなリソースを駆使して、勝ち目のない孤独な闘いを繰り広げてきた。

トルコから、ウクライナ、インド、ミャンマー、そしてフィリピンまで、市民たちは縮小し続ける権利を守るために抑圧的な体制と闘っている。だが、自由意思と独裁主義の闘いが香港ほど明白に示されている世界の地域もほかにないだろう。環太平洋における新たな冷戦において、香港は全体主義的超大国の危険な台頭を阻止、あるいは少なくとも遅延させるための防衛最前線にいる。炭鉱のカナリア、あるいは津波の被害を受けやすい沿岸の早期警報システムのように、手遅れになる前に対策をとるための警報を世界に向けて発信しているのだ。香港が国際社会を必要としているのと同じくらい、国際社会も香港を必要としている。今日の香港は、明日の世界なのだから。

このことは、香港を統制下に置いて以来、香港を蹂躙《じゅうりん》してきた中国の「白色テロ」について考えるとよくわかる。「白色テロ」とは、ハードな軍事力によるのではなく、より微妙な恐怖と威嚇という手段を使って、自由な表現や他の民主的な価値を組織的に攻撃することだ。香港のビジネス界は長年にわたり、中国政府の怒りを招いたり、実入りのよい中国本土の市場を遠ざけたりする事態を避けるために、センシティブな政治的問題について口をつぐむか、公に中国政府の肩を持つことを余儀なくされてきた。香港の報道機関は、広告収入を失うことを恐れて自己検閲をすることが知られている。大物スターたちも、うっかり政治議論に足を踏み入れてしまったあと、中国の人々の「感情を傷つけた」ことについて、告白動画をアップロードし謝罪している。中国の人々の感情はあまりにも簡単かつ頻繁に傷つくので、新たな造語が生まれたほどだ。ぼくらはそれを「脆《もろ》い心症候群」と呼んでいる。

逃亡犯条例改正案に対する抗議が最高潮に達したとき、中国市場に大きく依存している香港の旗艦航空会社、キャセイパシフィック航空が、デモ隊を支持した数十人のパイロットや客室乗務員などを解雇した。さらに同航空の最高経営責任者が三万三〇〇〇人からなる全社員に手紙を送り、抗議者に賛同する内容の投稿をソーシャルメディアに行なった者は解雇される可能性があると通知し、「容認できない行為」を行なったスタッフについて通報するように奨励していたことが判明した。この一件が起きたのは、ぼくがワシントンDCにいたときで、記者会見の後、ナンシー・ペロシ下院議長にぼくは次のように言った。「これこそ、今朝の証言で触れた白色テロの典型例です。キャセイパシフィックに起きたことが、アメリカの企業にも起こらないように祈ります」

この運命的な言葉を口にしてから一カ月も経たないうちに、アメリカ・プロバスケットボール協会（ＮＢＡ）に関する騒動が勃発し、プロスポーツ史上最大のＰＲ危機が引き起こされた。二〇一九年一〇月四日、ヒューストン・ロケッツのゼネラルマネジャー、ダリル・モーリーが香港の民主化デモを支持するツイートを行なったところ、そのコメントが中国国内で激しい批判にさらされ、試合のキャンセル、広告の撤回、そして中国大陸のバスケファンによるボイコットに発展した。そしてＮＢＡコミッショナーのアダム・シルヴァーが記者たちに、中国政府がモーリーを解雇するようにヒューストン・ロケッツに圧力をかけたと明かしたとき、中国の国営放送、中国中央電視台（ＣＣＴＶ）は、シルヴァーに対して「やがて訪れる報復」と「大々的な財政面での影響」について警告したのである。

その同じ月、アメリカのゲーム会社、ブリザード・エンターテイメント社も似たような外交的窮地に陥った。中国における人々の反発を恐れて、香港のデモ隊を公に支持したｅスポーツゲーマー、ンー・ワイ・チョンを出場停止にし、賞金を取り消したのだ（賞金取り消しについては世界中から猛批判が寄せられたため、後に撤回された）。さらには、アップル社も中国政府の圧力に屈し、アップストアから「HKmap.live」を削除した。これは、香港のクラウドソーシングアプリで、デモ参加者たちが逮捕を免れるために、警察の動きを探る手段として使っていたものである。アップル社のこの決定に対して、ぼくは最高経営責任者のティム・クックに公開質問状を送り、中国の圧力に屈せずに、言論の自由に対する彼のコミットメントを貫くようにと促した。ぼくがそうしたのは、アップル社の反応や翻意を引き出すためではなく、国際社会に緊急メッセージを送りたかったからだ。テクノロジー企業の最大手で、かつてユーザーのプライバシーを守るためにアメリカ当局と猛烈にやりあったアップル社でさえ独裁政権の圧力に屈するのであれば、将来、他の会社や人物が中国に立ち向かうことなど、どうして期待できるだろう。

短期間に続々生じた人目を惹く敗退が世界を震撼《しんかん》させたとはいえ、ぼくらにとってそれは「旧聞」でしかなかった。香港の人々は、オーウェリアン的国家〔ジョージ・オーウェルが『一九八四年』で描いた一般市民を常時監視する全体主義体制から〕によるこうしたタイプの脅しにはすっかり慣れていたため、もはやショックを被ることなどなかったのだ。残念なことに、香港で長年起きてきたことは、今や世界で生じるようになっている。世界中の市民もついに現実に目を覚まし始めた。中国共産党はますますその権力を振りかざし、自国民を動員して、海外企業が中国の世界観に沿わざるをえないようにし向けている。この事実は、世界最強の独裁政権であるとともに世界最大の消費市場である中国を、世界の民主主義に対する唯一最大の脅威にしている。『ニューヨークタイムズ』紙のコラムニスト、ファハド・マンジューは、この国のことを「世界中の人々の自由と存続に関わる増大しつつある脅威」と呼んだ。

今や、たとえ好もうが好むまいが、ぼくらの闘いはあなたたちの闘いになった。まさにそれこそ、悪化し続ける香港の状況を、自由世界が座視してはならない理由である。香港が陥落すれば、世界の防御最前線も陥落する。そして、諸国政府や多国籍企業が中国の圧力に屈し続ければ、ぼくらが過去二〇年間日々感じてきた痛みを世界中の市民が実感しはじめるようになるのも時間の問題だろう。国際社会は、共産党政権と闘う香港を支援することを通して、圧制の蔓延に対するより大きな闘いに貢献することになる。その圧制は、気候変動やテロのように、人々の日々の生活と自由をあらゆるところで脅かしている。だからこそ、香港を支持することは、自由を支持することになるのだ。そしてそれこそ、あなたが今すぐ行動を起こすべき理由である――手遅れになる前に。

東洋ではパーフェクトストーム〔いくつもの悪いことが同時に起こる最悪の状況〕が湧き起ころうとしている。習近平の中国は、激化する対アメリカ貿易戦争という経済的重荷の圧力にさらされる一方で、新疆、チベット、香港において地域騒乱を抱えている。そんな折、失業率とインフレの増加、そして中国本土における社会不満という危険な組み合わせもふつふつと湧いてきた。この社会不安は、アフリカ豚熱が勃発し、中国人にとって重要な主食材である豚肉の価格が上昇したことにより、さらに悪化している。四方八方で不穏な問題に直面している習近平は、国粋主義をあおることと反体制派に対する弾圧を強化することによって自らの地位を固める賭けに出ている。彼が、より強硬で手っ取り早い手段を使ってこの騒然とした時代を切り抜けようとしている事実により、香港を支持すべきだというぼくの呼びかけは、これまで以上に緊急かつ重要なものになった。香港政府による逃亡犯条例改正案の撤回には、習近平が二〇一二年に最高指導者の地位に就いて以来初めて行なった譲歩という点で象徴的な重要性がある。ぼくらが苦闘の末に勝ち取った勝利は、毛沢東にまがう絶対的指導者も無敵ではなく、ぼくらが共に闘えば、トンネルの先には光が見えることを示したのだ。考えてもみてほしい。単純な防具しか身に着けていないリーダー不在の一群の若者でも、世界有数の軍事力を持つ世界最強の独裁政権から譲歩を引き出すことができるなら、ぼくらすべてが共に行動したら、どれほどのことが達成できるかと。

だからこそ、ぼくは今、あなたがたに協力を要請しているのだ。

もしぼくの活動家としての道のりが何かを示せたのだとしたら、それは、形勢がどうあろうとも、そしてたとえたった一人でも、違いを生み出すことはできるということだ。年齢がいくつだろうと、どこに住んでいようと、自分自身よりずっと偉大な何かに加わることは可能だ。もし香港と世界における民主主義的権利の退行を押し戻す手助けをしたいと思われたら、次に示す一〇の行動計画をぜひ実行してほしい。

1．ツイッターのアカウントを作ろう。そして、#StandWithHongKong、#HongKongProtests、#FreedomHKなどのハッシュタグを継続的にチェックしよう。とくに関連性が高いとか、勇気づけられるなどと思ったことがあったら、自分の言語に翻訳して、より多くの人に伝わるようにしよう。

2．報道機関で香港のニュースを追おう。バイアスのかかっていない独立報道機関には、「香港フリープレス（Hong Kong Free Press）」（www.hongkongfp.com）、中国語が読める人には「スタンドニュース（立場新聞）」（www.thestandnews.com）がある。

3．あなたの街で香港を支援する海外抗議活動に参加しよう。自分のレノンウォール〔付《ふ》箋紙《せんし》に手書きで書いた民主派メッセージを貼り付ける壁〕を作ったり、氷バケツ運動のようなバイラル活動を行なったりして、香港が置かれている状況や、中国や他の独裁政権が民主主義的権利を抑圧していることを知らせよう。

4．香港映画『十年』（二〇一五年）を観よう〔五人の若手映画監督が一〇年後（二〇二五年）にディストピアとなった香港を描くオムニバス映画。アマゾンプライムビデオで視聴可能〕。また、ウクライナのドキュメンタリー『ウィンター・オン・ファイヤー：ウクライナ、自由への闘い』（二〇一五年）〔ウクライナの首都キエフにある独立広場において二〇一三年一一月から二〇一四年二月に起きたデモ活動ユーロマイダンを描く。ネットフリックスで視聴可能〕、韓国の映画『１９８７、ある闘いの真実』（二〇一七年）〔一九八七年の学生運動家朴鍾哲《パクジョンチョル》拷問致死事件から六月民主抗争に至る韓国の民主化闘争を描く。アマゾンプライムビデオで視聴可能〕も観てほしい。これらの映画を観れば、暴政と社会的不公平に対する世界的な闘いに参加したいという気持ちが湧いてくるだろう――ぼくがそうだったように。

5．香港に出かけよう。現地の状況を直に目にし、香港の若者と話して、その信念とデモの経験について知ってほしい。香港の華やかさとトラウマを両方体験しよう。

6. あなたの国の政府高官や国会議員に手紙を出そう。香港政府高官と香港警察に制裁を科すよう促してほしい。また、国連安全保障理事会に手紙を書いて、香港の自由と民主主義を保証するために中国に圧力をかけるよう促そう。

7. インターネット嘆願に署名しよう。そうすることにより、香港や、市民の自由な表現などの基本的権利が脅かされている世界の地域を支援しよう。

8. 勇敢なビジネスや報道機関を支援しよう。中国や他の独裁政権による白色テロに立ち向かうビジネスや報道機関を支援しよう。同様に、短期的な利潤を追い求め、抑圧的な政府に屈して自由表現を犠牲にするような企業をボイコットしよう。

9. 献金しよう。ワシントンDCに拠点を置く「香港デモクラシー・カウンシル」(www.hkdc.us/donate)に献金してほしい。この機関は長年にわたり、香港の民主化を支援するよう、アメリカ政府に対して精力的にロビー活動を行なっている。

10. 友人五人に伝えよう。本書で知ったことを五人の友人に伝え、香港の話を広めてほしい。香港を支援することが、自由と民主主義を守ることになる理由を説明しよう。

海外で学生たちに話をするときによく聞かれるのは、ふつうの市民が、自分の国で民主主義的価値が損なわれるのを防ぐには何をしたらいいか、という質問だ。そうした人たちは、香港の状況に共感しているとはいえ、それよりもっと、とは言わないまでも、自分の国における自由の衰退を懸念している。西側諸国で極右政党が台頭し、世界中でポピュリズムが急速に高まる中、たとえ先進国であっても、香港が直面している「茹でガエル」のシナリオから逃れることはできない。次は、この世界的な脅威に対抗するためにできる五つのことをまとめたものだ。

1．ニュースを追おう。そして、政治的二極化の進行、市民監視、特定利益集団が資金を出した宣伝広告、非暴力抗議デモに対する警察の弾圧といった、自分の国に現れる前兆をキャッチしよう。

2．これらの前兆について声を挙げよう。ソーシャルメディアであなたの考えを広げたり、地元の代表者に伝えたり、あなたの懸念に応えてくれる市民社会グループに参加しよう。「何か目にしたら、何か言おう」というスローガンを覚えておいてほしい。一歩足を延ばして市民社会グループのイベントのひとつに参加し、力と活気を得られるかどうかみてみよう。もしそう感じなかったら、また別のイベントを試してみよう。

3．デマ情報が見つけられるようになろう。ソーシャルメディアの投稿やニュースフィードに紛れているデマ情報を見つけよう。事実確認サイトを見たり、新しい出来事について友人と話し合ったりしてほしい。これは、メディアリテラシーを育てて、本物の情報と偽情報を見分けるスキルを磨く最もよい方法だと、ぼくは信じている。

4．選挙運動のボランティアをしよう。共感できる候補者の活動を支援しよう。選挙制度を知って選挙運動に最初から最後まで加わることほど民主主義のプロセスをよりよく理解できる手段はほかにあまりない。

5．小規模デモを計画しよう。自分にとって気になる問題について、またはステップ一で見出した前兆に対する行動として、デモを組織しよう。同じ問題意識を共有する友人と一緒に、シンプルなバナーやプラカードを作ろう。どんな運動の成功も、一人の声、一枚のパンフレット、一回のスピーチから始まることを思い出してほしい。個人の力を信じよう。

不穏な香港の街角で、よく言われる言葉がある。「これは自分たちの問題だ。だから、自分たちで解決する」これは香港人の勇気、信念、自立心を示す言葉だ。だが、もしぼくらの問題が、あなたの問題でもあるとしたら？　問題があまりにも大きくて、唯一の解決策は共に闘うことだとしたら？

学民思潮、香港衆志、反国民教育活動、雨傘運動、校長室から監獄への道、公民広場での演説、アメリカ連邦議会での証言まで――一四歳からぼくがやってきたすべてのことが、香港の最も絶望的な瞬間かつ最も素晴らしい瞬間である今この時点にぼくを導いてきた。あなたや国際社会の支援があれば、香港も世界中の民主主義も勝利を収めることができるだろう。なぜなら香港というこの炭鉱のカナリアこそ、中国のいや増す覇権に抵抗するために世界が手にしている最良の手段になりうるからだ。

香港の運命には、あらゆる人の運命が関わっている。

エピローグ

アメリカ連邦議会で証言を行なってから二週間後の二〇一九年一〇月、アメリカ下院議会は「香港人権・民主主義法」を可決した。その一カ月後、アメリカ上院議会もこの法案を可決し、ドナルド・トランプ大統領が署名して、法案は成立した。法案を提出したマルコ・ルビオ上院議員は、上院議会で次のように語った。「アメリカ合衆国上院は、長年享受してきた自由を守って闘っている香港人に明確なメッセージを送りました。『アメリカはあなたがたの声に耳を傾けている。我々はあなたがたを支援し続ける。そして、あなたがたの自治権を脅かそうとする北京政府を黙って見ているようなことはしない』と」

一方、ジョシュ・ホーリー上院議員は「香港如水法案（Hong Kong Be Water Act）」を起草し、表現の自由に対する抑制と闘うために、香港政府と中国政府に対して制裁措置を科すよう訴えた。アメリカでこの法案が提出されたのは、香港の選挙管理委員会が、自決権を求める香港衆志の立場は基本法に抵触するという理由で区議会選出馬をぼくに禁じた二日後のことだった。この理由は、二〇一八年の立法会への出馬をアグネスに禁じたときのものと同じである。

香港政府高官に対する制裁措置は歓迎すべき展開ではあるものの、香港の街角における緊張を緩和する効果はほとんど現れていない。本書を執筆している現在も、香港ではいまだに暴力的な衝突が散発的に起きている。たとえば二〇一九年一一月には、機動隊が香港中文大学の構内に強行突入し、その一日だけで、一五〇〇発以上の催涙弾や一三〇〇発以上のゴム弾をデモ隊に向けて発砲した。その一週間後、警察に包囲された香港理工大学では、一〇〇〇名を超えるデモ隊が四八時間以上にわたり構内に閉じ込められ、その大部分の学生が警察への投降を余儀なくされた。

長引く政情不安は、香港の交通と公共交通網を麻痺させている。レストラン、店舗、銀行をはじめ、休業を余儀なくされたビジネスも少なくない。観光産業は急激に冷え込み、主要な国際スポーツや文化イベントも中止や延期が相次いでいる。

こうした出来事は香港に劇的な影響をもたらしている。現在も続く米中貿易戦争の影響もあり、香港経済が第二四半期《しはんき》も第一四半期に続いて縮小したことが明らかになった昨年暮れ、香港政府は景気後退に落ち込んだことを正式に認めた。政府はすぐにデモ隊に責任をなすりつけようとするが、責任の大半は、デモ隊に対して不相応に過度な武力を行使し、ときには報復的な残虐行為さえ行なっている香港警察にある。

反逃亡犯条例改正案から始まった抗議活動は弱まる兆しがない。抗議活動との衝突は持続する危機となり、香港社会を一触即発の状態にしている。二〇一九年一一月に行なわれた区議会選（ぼくが出馬を禁止された選挙）における民主派陣営の鮮やかな地滑り的勝利は、抗議活動に関する住民投票の結果に相当すると見なされ、デモ隊と警察の一時的な「停戦」につながった。

しかし、この停戦は脆弱だ。政府や機動隊が次に誤った対応をひとつしでかすだけで、衝突、弾圧、逮捕という、無限とも思える終わりのないサイクルが再び起こりかねない。この動乱がいつ、どのようにして終わるのか、あるいはそもそも終わる可能性などあるのかは、誰にもわからない。

だがわかっているのは、それが長引けば長引くほど、双方が支払う代償は増えるということだ。二〇一九年の六月初頭から一二月初頭までに六〇〇〇名を超える抗議者（その多くが一八歳未満の若者だ）が逮捕され、暴動、放火、警察官に対する暴行などの重罪で起訴されている。警察が複数の死亡者を自殺者に見せかけているという未確認情報もある。夜の闇は夜明け直前が最も暗いという。香港の場合、夜はまだこれからで、ぼくらの旅路は光が射す前に、さらに暗くさらに危険なものになるだろう。

そうした折、ぼくは香港の物語を伝え、その闘いに対する国際的な支援を呼びかけるために世界中を旅している。旅と旅のあいだには、刑務所を尋ねる時間を作っている。というのも、今も数十人の活動家が収監されていて、最大限の支援を必要としているからだ。いまだに繰り広げられている政治不安において、どれほど多くの若者が逮捕され起訴されているかを考えると、これから数カ月のあいだに、さらに数百人の若者が自由を奪われるものと予想される。

政治的投獄は、民主主義の達成において避けては通れないステップだ。それはかつて韓国と台湾でもそうだったし、現在の香港においてもそうだ。投獄はぼくらを黙らせるどころか、決意をさらに強くさせる。ぼくらには未完の仕事がある。そして、あらゆる権利の中でも最も基本的な権利である自由投票権および国民に対して説明責任を果たす政府が手にできるまで、ぼくらが歩みを止めることはない。これからは行儀のいい頼み方を止め、世界に声が届くよう叫び始めるだろう。

二〇一九年一二月三日

謝辞

政治活動という道を辿ってここまで来られたこと、そして今の自分になれたことは、神の恩寵の賜物である。だから何よりもまず、ぼくと家族、そしてぼくらが闘いを通して守ろうとしている都市を見守ってくださる神に感謝を捧げたい。

ぼくが現在行なっていることは、両親の支援がなかったら何一つ可能にはならなかっただろうし、そうする意味もなかっただろう。偉大な預言者ヨシュアにちなんだ名前をつけてくれた父は、誠実な人間になるようにぼくを育て、父と同じぐらい頑固で粘り強い人間になれるよう導いてくれた。辛抱強く世話好きな母は、ディスレクシアの克服を助けてくれただけでなく、嫌いになって当然の人々に対してさえ同情と共感が抱ける人間になれるようぼくを支えてきてくれた。活動家になることは、家族全員を巻き込むことだと言われる。過去一〇年間、ぼくは両親を困難な時期に招き入れ、幾多の眠れぬ夜を過ごさせ、家族で過ごす貴重な時間を奪い、ぼくのために払ってくれた多大な犠牲にほとんど報いてこなかった。父と母に心からのお詫びと最大の感謝を捧げたい。

そして、ぼくにはもうひとつ家族がある。香港衆志の若き男女だ。まず「共犯者」のアイヴァン・ラムに謝意を表したい。彼は学民思潮の創成期から幾多の試練を乗り越えてきた香港衆志のジェットコースターのような年月に、常にそばにいてずっとぼくを支えてくれた。アイヴァン自身は貢献を認めてほしいなどとは決して言わないが、ここで、ずっと前から認めてしかるべきだった彼の功績を称えたい。彼は間違いなく、ぼくらのチームで最も信頼されているメンバーだ。ネイサン・ローにも、ぼくと共に闘ってくれていることに感謝したい。ネイサンが立法会で果たした勝利は、今でもぼくの政治キャリアにおける最も美しい闘いの位置を占めている。学民思潮と香港衆志の浮き沈み、そして往々にして仮借《かしやく》ないメディアの注視を耐え抜いてきたアグネス・チョウにも感謝したい。国際的なネットワーク構築に努力しているジェフリー・ゴーは、香港衆志と香港を世界のステージに押し上げてくれた。そして、反国民教育活動以来の友人かつ同僚であるクリス・クオック、ぼくの話に耳を傾けて常に慰めてくれるリリ・ウォン、仕事も遊びも精力的に行なうトバイアス・リョン、ぼくの見方に疑問を投げかけ常に気を張り詰めさせてくれるアーノルド・チョン、香港衆志の最年少スポークスパーソンのアイザック・チェン、公的な場における振る舞いについて教えてくれたティファニー・ユエン、表に出ないところでたゆまぬ努力を注いでくれているイアン・チャン、地区の問題に尽力してくれているアンガス・ウォンとケルヴィン・ラム、地域への働きかけにおけるぼくのメンターであるアウ・ノック・ヒン。こうした方々はみな長年にわたってぼくを導き、忍耐強く接してくれ、抗議活動の道のりを歩むうえでの孤独を和らげ、日々をより変化に富むものにしてくれた。

　さらには次の方々にも感謝を捧げたい。平穏で幸福だったユナイテッド・クリスチャン・カレッジでの日々以来ぼくを支え続け、刺激を与えてくれた生涯の友かつメンターのジャッキー・ユー、ケリー・ウォン、ジャスティン・イム。香港衆志における「子供たち」の世話をやき、広報活動における複数の最悪の危機においてぼくらを救ってくれたドロシー・ウォン。ぼくら全員にとって彼女はまさにフェアリーゴッドマザー〔おとぎ話で主人公を苦境から救う魔法使いの妖精〕だ。刑務所から釈放されたあとの「社会復帰」を助けてくれた、ぼくの「姉」のような存在のS・K。人生における重要な教訓を授けてくれ、これからも常にぼくの大切な人であり続けるティファニー・C。日々ぼくに励ましと助言を与えてくれる信頼できる友人で相談相手のファニー・Y、オスカー・L、K・C。そして、ぼくの収監中、面会に訪れ、ぼくに代わって私事を手がけてくれ、最も暗く孤独な日々を支えてくれ、最も絶望的な状況でも笑みを浮かべる理由を与えてくれたS・Hに特別の感謝を。

香港の民主化運動を報道してくれている香港と海外の記者の方々にも御礼申し上げる。こうした方々のプロフェッショナリズム、勇敢さ、そして真実の追求における妥協なき努力に、ぼくは大いに鼓舞されている。ジャーナリストのヴィヴィアン・タムとグウィネス・ホーには特別の感謝を。この二人は最初からぼくを取材し、ぼくの人となりを紹介し、助言を与えてくれた。さらに法律チームの面々、とりわけジョナサン・マン、ドナ・ヤウ、ボンド・ンー、ジェフリー・タム、ローレンス・ロックに感謝を捧げたい。彼らは過酷な裁判や法廷審問のたびにぼくを助け、政治活動において人権弁護士が果たす重要な役割の手本を見せてくれた。

香港における民主化運動の父、マーティン・リーには心からの感謝を捧げたい。彼は、国際的ロビー活動についてぼくが今身につけているすべてのことを教えてくれ、今日に至るまでぼくをコーチし、教育し続けてくれている。さらに、ニューヨークとワシントンDCでぼくらを支援してくれているアナ・チョン、香港衆志に無条件の支援を与えてくれている民主派の不屈の立法会議員エディー・チュー、そしてぼくを信じ、ぼくの物語をドキュメンタリーにして綴ってくれた映画製作者のマシュー・トーンとアンドリュー・ダンカン、監督のジョー・ピスカテラに感謝している。

本書については、何年も前に外国特派員協会で最初の取材を受けて以来、ぼくとその大義をずっと支援してきてくれた共著者のジェイソン・Y・ゴーに感謝を捧げたい。彼は優れたノンフィクションライターとしての力量を発揮して、ぼくがとうに忘れていた会話や記憶を掘り起こし、この困難なプロジェクトを完成させてくれた。そうした記憶は、当時は妥当性があるとか注目に値するなどとはとても思ってもいなかったのだが、結果として物語を結び付ける糊やぼくの物語を生き生きとさせる役目を果たすことになった。ジェイソンの文才は料理の手腕に匹敵しており、彼の家でおいしい手料理を食べながら夜遅くまで政治談議をするのは、いつもこよなく愉しいひとときだ。

さらに、ぼくの著作権代理人、ペンギンランダムハウス社の編集者ハナ・テライエ＝ウッド、発行者ドラモンド・モイアに感謝する。彼らはみなそれぞれの分野で尊敬を集めているプロフェッショナルであり、本書の執筆過程でぼくを助けてくれた。共に仕事をする機会に恵まれたことを心から嬉しく思う。今日の政治情勢下、そしてこれから直面しかねない圧力にもかかわらず、ペンギンランダムハウス社が本書のプロジェクトを支援してくれたことには恩義を感じている。世界の読者に向けて初めて書いた本書を世に出すことができたのも、香港に対する彼らの関心と信念のおかげだ。

最後になったが、香港の勇敢な人々に、そしてぼくと香港に寛大な支援を寄せてくださった世界中の方々に、心より御礼申し上げたい。

ジョシュア・ウォン

＊

ぼくは、香港について執筆することに自分のキャリアを捧げてきた。香港はぼくの出生地、ぼくのインスピレーションの唯一の源だ。そして、ぼくの心の中では世界一素晴らしく、魅力的で、気紛れで、矛盾に満ち、フラストレーションの溜まる場所でもある。香港の物語を書くのは一生かかる仕事であると同時に、とてつもなく栄誉なことだ。同様に、ジョシュアの手記の共同執筆について打診を受けたときには、一〇代の活動家から国際的な人権擁護者の象徴へと瞬《また》く間に上り詰めた人物を正当に描かなければならないという責任感を抱くとともに、その巨大な責任を任されたことを光栄に思った。ぼくへの自信と信頼について、そして何より、ぼくらの都市のために闘ってきてくれたあらゆることについてジョシュアに感謝したい。香港は彼のような闘士を持つことができて幸せだ。

リサーチを助けてくれた人々、とりわけジョシュアの家族、友人、香港衆志の仲間たちにも感謝を捧げたい。さらには、執筆のための隠遁《いんとん》生活に黙って付き合ってくれたパートナー、ジャック・チャンに、辛抱強く助言してくれた著作権代理人に、洞察力に富み、共に仕事をする喜びを与えてくれた編集者のハナ・テライエ＝ウッドと発行人のドラモンド・モイアに、そして勇気と不屈の精神をもって本プロジェクトを支えてくれたペンギンランダムハウス社にも感謝を捧げたい。

本書が印刷に回ろうとしている今も、香港は、そのスケールと激しさにおいて前例を見ない政治的危機の渦中にある。わずかに手にしているものすべてを駆使し、全力で香港の将来のために道端で闘っているすべての勇気ある若者に敬意を表する。

ジェイソン・Y・ゴー

訳者あとがき

のっけから私事で恐縮だが、去年（二〇一九年）の七月初旬から約一カ月間、私はたまたま香港新界の西の端、マカオ行きのフェリーターミナルがある屯門《とんもん》（ティエンムン）近くの町に滞在していた。逃亡犯条例改正案に反対する一〇〇万人デモが六月九日に行なわれて以来、煌びやかな香港の中心街では抗議活動が活発化していたが、ひなびた地元の町の暮らしはまだ穏やかなものだった。しかし、民主化を求めるうねりが高まるにつれて、屯門でも週末には「反送中」の手書きバナーを掲げて続々と集まる黒服の若者の姿が見られるようになり、七月二一日には近くの元朗《げんろう》（ユンロン）駅で「白シャツ」を着た暴徒による無差別な市民襲撃事件が起きた。中国深圳《しんせん》に接する元朗は、古き良き味と雰囲気が味わえる楽しい町だが、香港で最も犯罪率の高い地区でもあり、暴徒は、本書にも出てくる三合会《トライアッド》のメンバーだったと考えられている。警察がすぐに駆け付けず暴挙を放置したことから、反社会勢力と警察の結託が疑われ、警察に対する一般市民の不信感が強まった。その後も逃亡犯条例改正案に対する抗議デモはさらに活発化し、私が帰国した翌日には、香港国際空港で座り込みデモが行なわれ、空港が閉鎖された（しかしその際にも、デモ隊は利用客の不便をきたしたことを詫び、誠実に行動していた）。

香港で暮らした一カ月は嬉しい驚きに満ちていた。電車でもバスでも、サッと立ち上がって席を譲ってくれる若者たち。道を尋ねると仕事を放り出し、一〇分もかけて目的地に連れて行ってくれた掃除係のおばさん。突如出現したイノシシを辛抱強く見守り、山に放すためにそっと連れて行った警察官。私は香港の人々にすっかり魅せられてしまった。お恥ずかしいことにそれまで香港の状況についてはほとんど何も知らなかったのだが、その後、この民度が高く、光と影に彩られた都市が苦境に陥る姿を見るにつけ、いてもたってもいられない思いにかられた。

そんな折、偶然本書の翻訳を打診され、二つ返事でお引き受けした次第である。訳者の口から言うのもおこがましいが、本書の内容は素晴らしい。ジョシュア・ウォン（黄之鋒）氏という傑出した若き活動家の人となり、信念、生きざまがよくわかり、皮肉のこもったユーモアや、現代的なオタクっぽさも楽しい。また香港情勢を知る入門書としても最適だ。そして「香港の民主主義を守ることは、世界の民主主義を守ること」という重要なメッセージが伝わってくる。私のようなにわか香港ファンだけでなく、香港の現状と将来に心を痛めている日本の方は、さぞ多いことだろう。そうした方々が香港を守るヒントを得る手だてとして、そして香港に関心のない方にも、現在の香港情勢が、いかに世界の、ひいては日本の民主主義や言論の自由を守る鍵を握っているかを知るために、本書が役に立てたら嬉しく思う。

本書と香港についての解説は、すばらしい記事を発信し続けている香港在住の若き文化人類学研究者、石井大智《いしいだいち》氏に譲るとして、ここでは訳者の責任として、著者らが原稿を脱稿して以降、現在までに香港に起きたことをかいつまんで紹介させていただきたい。

本書の英文原稿が脱稿されたのは昨年末。それから半年ほどのうちに、驚くべきことが次々と起こり、訳者がこのあとがきを書いている今（二〇二〇年七月一〇日）も、香港をとりまく状況は刻々と変化している。

逃亡犯条例改正案は、二〇一九年一〇月二三日に正式に撤回されたが、そのころまでに民主化に対する市民の要求が「五大要求」に進化していたことは、本書第3幕「逃亡犯条例危機」の項に詳しい。また、二〇一九年一一月に行なわれた区議会議員選挙で民主派が圧勝し、市民が大いに力を得たことも本書の中で触れられている。その時点では、民主化への道筋に光が射しはじめたかのように見えていた。

　昨年の暮れから二〇二〇年の新年にかけても、大規模デモは次々と繰り広げられていた。一二月八日に行なわれたデモの参加者数は主催者側の発表で最大八〇万人。二〇二〇年一月一日には一〇〇万人を超えた。しかし一月九日、WHOが、中国湖北省武漢市における新型コロナウイルスによる肺炎の流行に関する声明を発表する。二〇〇三年にSARSの手痛い打撃を被った香港はWHOの発表を待たずに早々と水際対策を講じ、一月四日には感染症に対する警戒レベルを三段階の中位の「厳重」に設定。旧正月初日にあたる一月二五日には最上位の「緊急」に引き上げて徹底的な封じ込め対策を行なった（それが功を奏し、二〇二〇年七月九日時点での感染者数は一三二四人、死者数は七人と非常に低く抑えられている。ちなみに同日の日本の数値は、感染者二万一七四人、死者九八〇人だ〔出典ウィキペディア〕）。半面、三月末には、公共の場所で五人以上が集まることが禁止され、抗議集会やデモを行なうことが実質的に不可能になってしまった（現在も五一人以上の集合を禁止）。

　そんな状況のなか、四月一八日に著名な民主活動家一五名が一斉逮捕された。その中には、本書にも出てくる「民主化の父」李柱銘《りちゆうめい》（マーティン・リー）氏や、「長毛」議員の梁國雄《りようこくゆう》氏、謝辞でウォン氏のメンターとして名が挙がっている區諾軒《おうだくけん》（アウ・ノック・ヒン）氏、『アップルデイリー』紙の創業者、黎智英《れいちえい》（ジミー・ライ）氏らも含まれている。ウォン氏はこの件について「世界が新型コロナウイルスとの戦いに集中しているなか、中国は香港民主化運動に対する弾圧を進めている」と批難した。

　二〇二〇年五月一〇日、事実上棚上げされていた「国歌条例案」の審議が立法会で強行再開されたことに対し、集会禁止措置にもかかわらず、抗議活動が再燃した。この条例案は二〇一七年九月七日に提出されたもので、本書でも収監二二日目の手記の中で触れられている。しかし、今回この法案は六月四日に立法会で可決され、一二日に施行されてしまった。これは中国国歌『義勇軍行進曲』を侮辱する行為を禁じる条例で、立法会の議員宣誓などの際に替え歌を歌ったり、サッカーの国際試合などで中国国歌斉唱の際にブーイングをしたり、グラウンドに背を向けたりすると、最長三年間の禁錮刑に処せられる可能性がある。

そして訪れた運命の二〇二〇年五月二八日。香港に、そして世界に衝撃が走った。中国の国会に当たる全国人民代表大会（全人代）が、香港で反体制的な言動を取り締まる「国家安全法制」を香港政府や立法会の頭越しに採択したのだ。この国家安全法制は、もともと香港基本法二三条において、香港が国家安全に対応するために自ら「国家安全条例」として定めるよう規定されていたのだが、二〇〇三年に初代行政長官の董建華《とうけんか》が法制化を試みたときに香港五〇万市民の抗議にあい、撤回を余儀なくされていた。その経緯については、本書第1幕「大人たちはどこに？」の項で触れられている。今回のこの動きは、昨年来の民主化デモに手を焼く香港政府に愛想をつかした北京政府が、今秋に行なわれる立法会選挙における民主派陣営の躍進を恐れて、奥の手を使い強硬手段に訴えたものだろう。一国二制度を事実上無効にするこの決定は、民主化を希求する香港の人々を絶望の淵に追いやった。

それでも、六月四日の天安門事件犠牲者追悼集会が、新型コロナウイルス感染防止という名目のもとに禁止されたにもかかわらず、毎年大規模な集会が開かれていたヴィクトリア公園には今年も数千人が集まり、他の市内各地でもろうそくを灯《とも》して民主化を訴えた。逃亡犯条例案に抗議した大規模デモからちょうど一年が経った六月九日にも抗議デモが行なわれ、その後も小規模ながら抗議集会は続いた。

もちろん、世界も黙ってはいなかった。英、米、カナダ、オーストラリアの四カ国は五月二八日に共同声明を発表し、「香港に新たな国家安全法を導入するという中国の決定は、法的拘束力を持ち国連にも登録されている英中共同声明に基づく国際的な義務に直接抵触する」と指摘した。

台湾も五月に香港人を支援するための対策チームを政府内に設置し、七月一日には、政治的な理由で台湾に移住する香港人用の受け入れ窓口を開設した。

六月三日には、英国のボリス・ジョンソン首相が、移民規則を変更して香港人数百万人に対し「英市民権を獲得する道」を開く方針を発表した（本書第2幕、収監18日目の手記で綴られているかつての姿を考えると鮮やかな変身だ）。これは、一九九七年の香港返還前に香港に居住し、かつ申請を行なった人に与えられる英国海外市民（ＢＮＯ）旅券を保有する香港人を対象としたもので、六カ月間英国にビザなしで滞在できるという単なる渡航許可に過ぎない現在の内容を、滞在期間を五年間に延長し、就学や就業を認め、その後市民権獲得の道が開けるように改正するというものだ。

六月四日、日本を含む八カ国（オーストラリア、カナダ、ドイツ、日本、ノルウェー、スウェーデン、英国、米国）の国会議員と欧州議会議員が、中国および中国共産党と民主主義諸国との交渉のあり方を改革するために、民主主義諸国の国会議員を成員とする国際議員連盟超国家組織「対中政策に関する列国議会連盟（ＩＰＡＣ、Inter-Parliamentary Alliance on China）」を立ち上げた。現在、参加国は十七に増えている。一国ごとに、立場の異なる政党から一人ずつ、計二人の共同代表を設けることになっており、日本の共同代表は中谷元《なかたにげん》議員と山尾志桜里《やまおしおり》議員が務める。

山尾氏はまた、二〇二〇年六月九日に衆議院第一議員会館で開かれたシンポジウム「香港問題から国際的連帯を考える～私たちは自由で開かれた民主社会のために何ができるか～」でも、中谷元氏、長島昭久《ながしまあきひさ》議員とともにキーパーソンの役割を務めた。このシンポジウムは、「香港問題から国際的連帯を考える有志の会」主催、在日香港人グループ「香港の夜明け、Stand with Hong Kong」共催、堀潤《ほりじゅん》氏、倉持麟太郎《くらもちりんたろう》氏、仁木崇嗣《にきたかつぐ》氏の司会進行で開かれたもので、志のある各党の国会議員や有識者らが参加してディスカッションを行なった。前半には、アグネス・チョウ氏と香港中西区区議会議員のサム・イップ（葉錦龍《ようきんりゅう》）氏もリモート出演し、流暢な日本語で窮状を訴えた。このシンポジウムの様子は、ユーチューブで観ることができる。香港のために、そして日本のためにも何かをしなければと思っていらっしゃる方は、ぜひご覧いただきたい。https://www.youtube.com/watch?v=cxsCqi_UgrY

二〇二〇年六月一八日には、「香港に関するG7外相声明」（米国、カナダ、フランス、ドイツ、イタリア、日本、英国の外務大臣及びEU上級代表による共同声明）が公表され、香港に関する国家安全法を制定すると決定した中国に、この決定を再考するよう強く求めた。

しかし、同日、香港国家安全法制の関連法草案について審議を始めた中国の全人代常務委員会は、一旦閉会したあと異例のスピードで会議を再開。そしてついに六月三〇日、「中華人民共和国香港特別区国家安全維持法」（国安法）が全会一致で可決され、香港政府によって即日施行された。

国安法は「国家分裂」、「政権転覆」、「テロ活動」、「外国勢力との結託」を国家に危害を加える犯罪行為と規定し、最高で終身刑を科すと定めている。中央政府は独自の治安機関を香港に設置した（七月八日、「国家安全維持公署」開設）。今や、香港で保障されてきた言論や集会の自由は奪われ、抗議活動家はみな、逮捕、収監の危機に直面している。しかも、あれほど努力して撤回に追い込んだ「逃亡犯条例改正案」も事実上有効になってしまい、香港で捕らえられた政治犯が中国本土で裁かれることも現実になった。さらには、外国の政治団体と関係を持つことも禁じられたので、香港の抗議活動における様々な国際的活動が禁止される事態にもなるだろう。日本の私たちにも直接関与するのが第三八条だ。「香港外にいる香港永久居住の身分を持たない者が、香港特別行政区に対して本法律が規定する罪を犯した場合にも本法律は適用される」つまり、たとえ日本国内にいる日本人でも、中国を批判したり、民主活動家を支援したりしたら、後日、香港に入ろうしたときに逮捕される可能性があるわけだ。

この日、ジョシュア・ウォン氏、アグネス・チョウ氏、ネイサン・ロー氏、ジェフリー・ゴー氏が香港衆志を脱退した。同党も主要メンバーを失って解散を宣言。そしてネイサン・ロー氏は七月二日に香港から出国し、香港の外から活動を継続することを明らかにした。現在、氏の所在は明らかではないが、すでに数々の欧米メディアを通じて、香港の自由を守るための支援を精力的に訴えている。

七月一日、日本ジャーナリスト協会主催で「香港返還24年目、一国二制度の終焉」と題した記者会見が急遽開かれ、訴追される危険を冒して登壇した「香港の夜明け」グループの若者三名が、危険な状況と日本に対する要望を切々と訴えた。中谷議員と山尾議員、山田宏《やまだひろし》参議院議員も出席し、山尾氏は、EUや英国が進めている香港人の受け入れ（救命ボート）政策や、人権侵害を行なったとして制裁対象となった人物の資産凍結などを可能にするマグニツキー法制定の必要性を指摘した。政府はしがらみがあってなかなか動けないため、超党派の国会議員が国会の場で香港を支援する議案を通すことが必要だという。ジョシュア・ウォン氏がアメリカ議会に赴いて成立を促した「香港人権・民主主義法」が、日本でも成立したらすばらしい。この記者会見の様子もユーチューブで視聴可能だ。

https://www.youtube.com/watch?v=-Wuxuq7-HqQ

国安法の施行以来、様々なニュースが飛び込んできている。バックパックに香港独立の旗を入れていただけで逮捕された若者、警官隊にバイクで突っ込み、国家分裂とテロ活動の罪が初めて適用された男性。「光復香港、時代革命」というこれまで使われてきたスローガンが国安法に違反するとみなされたため、白紙の紙や付箋を使って思いを表現する人々。図書館でジョシュア・ウォン氏ら活動家の書籍が「検査中」となり閲覧・貸出不能に陥っている状況。『ロイター』によると、本書も事実上の禁書となり、香港では読むことができなくなっているという。ジョシュア・ウォン氏は「私の本を禁止しても、香港市民の声を無視し沈黙させることはできない」と表明した。

そして七月六日、公判が開かれ、昨年六月の抗議活動で警察本部を包囲するようデモ隊を扇動した罪と、違法な集会に参加した罪に問われていたアグネス・チョウ氏が起訴内容を認めた。判決は八月五日に言い渡される予定で、氏はメディアに、刑務所に行く覚悟はできている、香港人は民主自由の信念を勝ち取るよう頑張ってほしいと語った。

一方、同じ起訴内容に加えて湾仔《わんし》（ワンチャイ）における非合法集会扇動罪にも問われているジョシュア・ウォン氏は、すべての罪状を否認した。アイヴァン・ラム（林朗彦）氏も、非合法集会参加の罪を認めていない。各メディアによると、ウォン氏はこう語ったという。「ぼくらは共産党政権にへつらうようなことはしない。今の香港には、恐怖が隅々まで浸透している。国家安全維持法施行以来、新たな時代が始まったようだ……だが、たとえ何が起きようと、どれほどの代償を伴おうと、最後まで闘い続けるつもりだ」そして昨年の反逃亡犯条例改正案デモにおいて逮捕された無名の抗議者についても報道するようメディアに要請した。

ウォン氏は、九月六日の立法会議員選挙に向けた民主派の予備選挙（七月一一日と一二日に予定）に立候補する意思を表明している。すでに昨年の区議会選で立候補を取り消された過去があり、今回も同じことになる公算は高い。それでも信念を曲げない姿はあっぱれだ。しかし七月九日、香港政府幹部は、この予備選が国安法の条項および選挙（汚職および不法行為）条例に抵触する可能性があり、違反の証拠が示されれば法的措置を講ずると警告した。

中国はこれからおそらく、香港の首に巻いた手を、ますます強く締めてゆくことだろう。ジョシュア氏、アグネス氏、本書に登場した数々の活動家たち、そして民主化への努力を続けてきたすべての香港の人々の思いや行く末を考えると胸が詰まる。日本にいる私たちにせめてできることは、何が起きているか知ること、そして世界は中国の動向を注視していると中国に知らしめることだ。そのためにも、日本の国会に、私たち一人一人の声を届けることが必要だと思う。そして、香港だけでなく、台湾の人々、ウイグル族の人々、チベットの人々、そして中国本土にいる勇気ある人権弁護士や活動家たち、さらには世界中にいる、人権と自由を奪われた人々のことも忘れてはならないと思う。

最後に、『栄光あれ、香港』をぜひ聴いてみていただきたい。心を揺さぶられ、勇気が湧いてくる名曲だ。様々な日本語訳があるが、最もしっくりしたので本文で使わせていただいたのは、こちらのバージョンである。https://www.youtube.com/watch?v=jRULHP7M2o4（七月八日、香港政府は、この民主化デモのテーマ曲を学校内で学生が演奏、歌唱、放送することを禁じた。）

本書訳出にあたっては、様々な方にお世話になった。とりわけ、本書をご紹介いただき、編集の労を取ってくださった河出書房新社編集部の吉住唯氏に、そして、一字一句に至るまで徹底的に校正してくださった株式会社円水社の敏腕校正者のみなさまに厚く御礼申し上げる。日本の出版文化は、こうした優秀な方々の誠実な仕事に支えられていると改めて感じいった次第だ。

二〇二〇年七月一〇日

中里京子

解説

石井大智

私は香港中文大学の博士課程で学ぶ二三歳だ。まだ研究者と言えるほどの実力はないが、若年層が大きな役割を果たしてきた香港の抗議活動を彼らと同年代の者として見つめてきた。実際に黄之鋒（ジョシュア・ウォン）氏は二カ月だけ年下だ。私の専門である移民研究とは少し離れた話になるが、彼らと同世代の一人として、黄氏をはじめ、彼が事務局長を務め香港国家安全維持法（国安法）施行に伴い解散された政党であるデモシスト（香港衆志）、そして香港の若年層を中心とした民主派が置かれている状況を簡単に説明したい。そのことで黄氏の文章を香港のより広い文脈の上で理解する一助になればと思う。

雨傘運動での分裂と「反送中」以降の仲間割れ回避

デモシストは雨傘運動後解散した学民思潮の流れを組む二〇一六年に設立の政党だ。二〇一九年六月以降の逃亡犯条例改正反対運動（以下、「反送中」と呼ぶ）以降の抗議活動におけるデモシストや黄氏の立ち位置について理解するためには、雨傘運動での民主派の分裂への理解が欠かせない。黄氏は学民思潮のリーダーとして雨傘運動を率いる一人であった。雨傘運動において民主派は黄氏のような対話や平和的抗議を重視するリベラルな人々と実力行使も辞さない本土主義的な人々で割れていた。後者は対話によって政府から何も勝ち取れないリベラルなエリートに対して批判的な姿勢を持っていた。「勇武抗争」という言葉に象徴されるような暴力的抗議活動を主張した者も少なくなかった。実際に立法会への突入を試みた者もいる。

雨傘運動は結局何ら問題を解決することなく終了し、民主派は大きな挫折を味わう。その後、雨傘運動で生じたリベラルと本土主義者の分裂は「民主自決派」と「本土派」という形で明確化していく。黄氏は二〇一六年にデモシストを立ち上げるが、デモシストのような民主自決派は普遍的なものとしての人権や民主主義の尊重を主張するのに対し本土派は、香港と中国の分離を主張する「香港ナショナリズム」的思想を前面に出す。本土派の一部は、当時香港で社会問題になっていた中国本土からの買い物客に対し時に激しい抗議活動を展開し、排外的・民族主義的な姿勢が目立った。

しかし、雨傘運動の反省から「反送中」以降は手段の違いによる仲間割れを避けようという空気が広がり、雨傘運動の際のような分裂は見られない。「反送中」以降は平「和」的で「理」性的で「非」暴力的手法を取る「和理非派」と破壊や放火など過激な手段を取る「勇武派」のやり方の違いが目立ったが、「不割席」（仲間割れをしない）を合言葉にお互いへの批判を避けてきた。また、誰かがリーダーとして意見を代表するという形を取っていない。

そのため、この抗議活動でのデモシストの活動は海外の政治家との繋がりやSNSでの影響力を活かして国際的なロビーイングを行うことが中心だ。デモシストのメンバーがネット上の話し合いや投票の後に警察にデモの開催申請をする例はあっても、それは彼らがネット上の議論に従ったのにすぎず、彼らが代表としてデモを率いていたわけではない。

黄氏や周庭（アグネス・チョウ）氏などのデモシストのメンバーはツイッター上で香港警察がどのような暴力行為を行ってきたか、香港政府・中国政府がいかに民衆の声を聞かないかを積極的に発信してきた。周氏は日本語でツイートし、さらに日本のメディアにも多く出演している。そのため、日本での香港問題への言説にかなりの影響を与えていることはこの本の読者であればご存じであろう。同様に黄氏も英語圏への発信を担当しており、彼のツイッターでの発言は香港の民主派を代表するような意見として欧米の大手メディアにしばしば引用され強い影響力を持ち、彼はその影響力をうまく使って世界の関心を香港へ集め続けてきた。もともと英語で出版されたこの書籍もその取り組みの一つだろう。新型コロナウイルスの流行で抗議活動の実施が警察から許可されなかった際に、黄氏が二〇二〇年四月に『あつまれ どうぶつの森』(任天堂)のゲーム上の島でバーチャルな「デモ」を行ったことは特に有名な話であり、その写真をツイッターにアップロードした結果として中国本土のＥＣプラットフォームからゲームソフトが消えたと欧米メディアなどが伝えたのも有名な話だ。

このように対外的には大きな影響力を持つデモシストではあるが、香港内部の政治情勢に対する影響は小さい。それは先述の通り、雨傘運動の反省から自身と抗議手法の違う抗議者への言及を避け、またリーダー的存在として振舞うことを避けたからだと思われる。例えば、勇武派の過激な行為については肯定も否定もせず、積極的な言及を避けてきた。デモシストは香港の中国からの独立を主張する独立派についても積極的なコメントはしていない(彼らの関係者の選挙立候補資格が取り消されることを防ぐために香港独立を立場上支持できないという理由もある)。このことは日本を含めた国際社会での勇武派や独立派とデモシストを混同することには繋がっているが、やり方の違いによる対立は起きていない。これは雨傘運動での失敗が生かされた結果だと言えるだろう。

しかし、香港内部では影響力がないのにもかかわらず、対外的には影響力があるデモシストは勇武派の人々からは必ずしも快く思われてはいなかっただろう。ネット上の勇武派と見られる抗議者の中には自分たちが前線で逮捕や負傷のリスクを負いながらも戦っているのに、デモシストばかりが海外メディアで目立っていることに対して不満の声も聞かれた。

本土派の中からもデモシストに対して否定的意見が出ることもある。例えば、アメリカ発の黒人差別反対デモ（Black Lives Matter、いわゆる「ＢＬＭデモ」）について、黄氏は二〇二〇年六月二日に「人権活動家としてＢＬＭデモの側に確かに立つ」とツイートしているが、このツイートに対してはネット掲示板などで一部の本土派が反発をした。それは彼らにとってはデモシストが前提とするような普遍的な人権より香港の抗議者への国際社会からの支援の方が重要だからだ。ＢＬＭデモに対しドナルド・トランプ米大統領は批判的な姿勢を取っており、ＢＬＭデモに賛同を示すことは香港の抗議者のために中国政府や香港政府に圧力をかけていたトランプ大統領を敵に回すことにもなりかねない。それにもかかわらずＢＬＭデモに対して肯定的発言をするデモシストを本土派の人々は理解できず、ネット上には批判的な声が見られた。

この批判はデモシストのような民主自決派と本土派の根本的な違いを象徴している。デモシストなどの民主自決派は「普遍的」に守られるべきものとしての人権・民主主義を尊重するリベラルな姿勢を持ち、国際協調を好む。一方で、本土派は「香港ナショナリズム」に基づいて香港の利益の優先を強調する。黄氏にとってはＢＬＭデモへの支持を示すことは彼のツイートの通り「人権活動家として」は問題ないことだったのだろうが、本土派からすれば米国で起きていることに言及して（本土派にとっての）香港の利益が失われることは許容しがたいことだったのだろう。

黄氏をいまだリーダーとして見る中央政府

さらに興味深いのは、これらの事実にもかかわらず中央政府が黄氏を抗議活動のリーダーのようにしばしば見てきたことだ。黄氏は許可されていない集会への参加を組織・扇動したとして二〇一九年八月三〇日に逮捕されている。同じ日に周氏、その前の日に、香港政府に活動が禁止された香港独立を主張する香港民族党の招集人の陳浩天（アンディ・チャン）氏も逮捕されている。この三人は抗議活動への参加はしてきたがその影響力は限られており、リーダーもいない抗議活動で少人数の活動家だけ逮捕するのは不可解だ。

黄氏はこの逮捕の少し前に米領事館職員と面会していたことが報じられている。中国共産党の意向を強く反映する中国国営の新華社に「香港での一連の暴力事件の出現は（黄氏を含む）一部の人が狼（米国のこと）を部屋に引き入れた結果だ」と批判されていた。黄氏の逮捕後には同じく国営メディアの人民日報は黄氏を「今日の香港の暴力的活動において不名誉な役割（＝「不光彩的角色」）を果たした」とし、さらに「外部勢力」（主に米国を指す）が黄氏も含めた「独青」（香港独立派の青年）を述べ、外部勢力をバックにした黄氏が香港を混乱に陥れたと記している。

人民日報は黄氏がアメリカと共謀して暴力的抗議活動を先導していると強調する。それは中央政府が先述のような雨傘運動以来の歴史を無視し、リベラルな民主自決派と実力行使も辞さない本土派を区別できていない、もしくは意図的に区別せずに扱っていることを示す。中央政府は黄氏も含めた少数の民主活動家に抗議活動の責任を押し付けていると言える。

二〇二〇年六月三〇日に即日施行された香港国家安全維持法（国安法）について中央政府は「法律はごく一部のみを対象にし、一般市民の合法的権利は守られる」と主張してきた。その発言からして、中央政府は大量逮捕ではなく少人数の民主活動家を逮捕することで香港の民主化運動全体を萎縮させる手法を取る可能性がある。そうなれば、黄氏はその一人として勇武派や本土派の人々が行なったことについても「外国勢力と共謀して香港を混乱させた」として中央政府に責任を取らされるかもしれない。

いずれにせよ、国安法は「外国勢力」と通謀して国家安全に危害を加えることを禁じているので、国際協調を進めるデモシストはこの法律により常に違法性を問われるリスクを負ってきた。国安法施行が決まってから、黄氏がデモシストを脱退し、その後デモシストが解散されたのはこのような背景があると考えられる。

実際に中国が黄氏による海外でのロビーイングに強く反発したエピソードもある。二〇一九年九月には黄氏はドイツへ出発しようとしていたところ空港で保釈条件違反により拘束され、その後拘束は「手違い」だったとして解放され、ドイツへ向かった。ドイツではマース外相に会い、中国の外交部の華春瑩報道官は「この時期にジョシュア・ウォンの入国とマース外相との面会を認めたことに対し、ドイツ側の目的は何かと尋ねずにはいられない」とまで言って不満を示した。

このように常に収監のリスクにさらされてきた黄氏だが、本書の最後にはそのことに対し覚悟がすでにあることが読み取れる。「政治的投獄は、民主主義の達成において避けては通れないステップだ」と彼はエピローグに書いている。二〇二〇年七月の段階で黄氏はすでに八回逮捕され、香港の出境を禁止されている。七月上旬には香港の公立図書館から黄氏の著書二冊の貸し出しや閲覧が国安法に違反している疑いから停止され、黄氏への体制側からの圧力は強まっている。

グローバルとローカル双方の文脈を巻き込む香港デモ

香港の抗議活動はグローバルとローカル双方の文脈を大きく巻き込んできた。香港デモは米中関係をはじめ世界各国の関係を揺るがしてきた一方で、香港で生きる個々人の日常的な暮らしや人間関係、思考にも大きな影響を与えてきた。

黄氏の言説を追っていくことはその双方の文脈の理解に役立つ。黄氏の言説は、近年の香港の民主派が世界にどう語りかけようとし、それが世界にどういう反応を引き起こしてきたか理解するのに役立つという点で香港の抗議活動のグローバルな文脈を読み解く助けとなる。一方、黄氏の言説はなぜ香港という都市が世界に影響力を持つ二三歳の民主活動家を生み出したのかについてのヒントを与えてくれるだろうし、それは抗議活動のローカルな文脈への理解にも繋がるだろう。周氏やデモシストのユーチューブ動画に出演する黄氏は時たまニンテンドースイッチで遊ぶ姿を見せるが、その様子だけ見たら普通の青年である。そんな一人の青年を主語にしたストーリーを追っていくことは、多くの若者を長年にわたって抗議活動に駆り立ててきた香港という街の特殊さを教えてくれる。

黄氏はグローバルとローカルの文脈のねじれの中にいるということも注目すべきことだろう。ここでいう「ねじれ」とは、先述の通り、黄氏は「ローカル」においては抗議活動のリーダーとして強い影響力を発揮しているわけではないのにもかかわらず、「グローバル」なメディアにおいては代表的民主活動家として強い発信力を持つことを指す。「ローカル」に目を向ければ香港の民主派の中にもデモシストや黄氏に対し様々な感情を抱いている人々がおり、それは「ローカル」な文脈を重視する本土派の中に「グローバル」志向なデモシストを批判する人々がいることにも表れている。さらに中央政府は「グローバル」なロビーイング活動を展開する黄氏を実態に反して反体制活動のリーダーと見なしており、それは黄氏が今後、国家安全法制によって厳しい仕打ちを受ける可能性があることを意味する。このような黄氏の複雑なポジションを知った上でこの書籍に記された彼のメッセージを読み解くと、香港の抗議活動への理解がより深まるだろう。

黄氏に対して様々な見方があるように、誰を主語にするのかで香港の抗議活動の見え方は大きく変わる。読者の皆様には、今回の本をきっかけとして、機会があれば香港デモを他の主語から見ることもぜひ試みていただければと思う。

（いしい・だいち＝香港中文大学博士課程）

	7月21日	黄之鋒、羅冠聡、周永康《しゅうえいこう》（アレックス・チョウ）が不法集会および2014年の公民広場乱入を扇動した罪で起訴される
	9月4日	羅冠聡が香港史上最年少の立法会議員に選出される
2017	7月1日	林鄭月《りんていげつ》娥《が》（キャリー・ラム）が、第四代香港行政長官に就任
	7月14日	羅冠聡が立法会議員就任式における宣誓の際に宣誓文を適切に読み上げなかったという理由で議席を喪失（「宣誓ゲート」事件）
	8月17日	不法集会と扇動の罪で、黄之鋒、羅冠聡、周永康が刑務所に収監される
	10月13日	黄之鋒、岑敖《しんごう》暉《き》（レスター・シャム）と他の活動家が法廷侮辱罪で起訴される
2019	4月9日	雨傘運動で指導的役割を果たした罪で「中環占拠トリオ」（陳健民《ちんけんみん》、戴耀廷《たいようてい》、朱耀明《しゅようめい》）と他の活動家に有罪判決
	5月16日	法廷侮辱罪により黄之鋒が二度目に刑務所に収監される
	6月9日	反逃亡犯条例改正案抗議活動による政治危機勃発
	6月16日	逃亡犯条例改正案の完全撤回を求めて200万人の香港市民が街頭デモを行なう
	9月5日	林鄭月娥行政長官が逃亡犯条例改正案の撤回を表明
	11月24日	香港区議選で民主派が圧勝
	11月27日	アメリカ合衆国が「香港人権・民主主義法」を制定
	12月8日	香港市民による80万人の民主化デモ
2020	1月1日	香港市民による100万人の民主化デモ
	1月4日	WHOが新型コロナウイルス流行に関する声明を発表
	4月18日	李柱銘《りちゅうめい》（マーティン・リー）、梁國雄《りょうこくゆう》、區諾軒《おうだくけん》（アウ・ノック・ヒン）、黎智英《れいちえい》（ジミー・ライ）らを含む著名民主活動家15名の一斉逮捕
	5月28日	全人代が国家安全法制を採択
	6月12日	「国歌条例」施行
	6月30日	全人代常務委員会が「中華人民共和国香港特別区国家安全維持法」を全会一致で可決。香港政府が即日施行
		黄之鋒、羅冠聡、周庭《しゅうてい》（アグネス・チョウ）、敖卓軒《ごうたくけん》（ジェフリー・ゴー）が香港衆志を脱退。同日、香港衆志解散
	7月18～31日（予定）	2020年立法会選挙立候補届け出期間
	9月6日（予定）	2020年立法会選挙

主な出来事の年表

年	月日	出来事
1842		中国が香港島を英国に割譲
1949	10月1日	毛沢東《もうたくとう》が中華人民共和国を建国
1958～1960		中国で大躍進政策実施
1966～1976		中国で文化大革命勃発
1984	12月19日	「香港問題に関する中英連合声明」の調印
1989	6月4日	中国北京で天安門事件発生
1997	7月1日	香港が英国から中国に返還される。董建華《とうけんか》が初代行政長官に就任
1997～1998		アジア通貨危機
2001	12月11日	中国が世界貿易機関（WTO）に加盟
2003		香港でSARS（重症急性呼吸器症候群）が流行
2005	6月21日	曽蔭権《そういんけん》が第二代香港行政長官に就任
2011		中国が世界第二の経済大国になる
	5月29日	黄之鋒《こうしほう》（ジョシュア・ウォン）が学生と生徒からなる活動家団体「学民思潮（スコラリズム）」を創設
2012	7月1日	梁振英《りょうしんえい》が第三代香港行政長官に就任
	9月8日	学民思潮が率いた数万人規模の座り込みデモのあと、梁振英が国民教育カリキュラムの撤回を表明
	11月15日	習近平《しゅうきんぺい》が中国共産党総書記・中央軍事委員会主席に就任
2014	8月31日	中国の全国人民代表大会（全人代）常務委員会が、香港行政長官選挙における自由選挙の実施を制限し続ける「8月31日方針」を決定
	9月26日	行政長官選挙改革における制限に抗議して学民思潮のメンバーが公民広場に乱入
	9月28日	機動隊が催涙ガスを発射して、平和的な民主化デモの参加者を弾圧。「雨傘運動」が始まる
	12月15日	「雨傘運動」の終息
2016	2月8日	「香港旺角《おうかく》騒乱」勃発
	4月10日	黄之鋒と羅冠聡《らかんそう》（ネイサン・ロー）が政党「香港衆志（デモシスト）」を共同で創設

[著者]
ジョシュア・ウォン Joshua Wong　黄之鋒
1996年生まれ。『タイム』誌、『フォーチュン』誌、『フォーブズ』誌から世界で最も影響力のあるリーダーの一人に選ばれ、2018年には雨傘運動で果たした指導的役割においてノーベル平和賞候補に推薦された。2016年に、香港の自決権を求める民主派政党「香港衆志（デモシスト）」を創設し、事務局長を務めていたが、2020年6月30日に脱退。同党も解散を宣言した。政治の場に頭角を現したのは2011年、14歳で学生運動組織「学民思潮」を立ち上げ、香港政府が導入しようとしていた「国民教育」カリキュラムに対する抗議活動を成功裡に導いたときだった。以来、さまざまな抗議と活動を通して何度も逮捕され、100日以上服役した経験を持つ。その姿は、ネットフリックスのオリジナル作品『ジョシュア:大国に抗った少年』を含む2本のドキュメンタリー作品に描かれた。本書は初めて英語で出版された彼の書籍の翻訳である。

ジェイソン・Y・ゴー Jason Y. Ng
植民地独立後の香港の発展を描いて高く評価された3冊の著書『ホンコン・ステート・オブ・マインド』『ノー・シティ・フォー・スロー・メン』『アンブレラズ・イン・ブルーム』のある香港有数のノンフィクション作家で、弁護士、活動家、コラムニスト、香港ペンクラブの元会長でもある。ゴーは、2011年当初からジョシュアの活動を記事に取り上げ、彼の理念を報道・擁護し続けている。

[訳者]
中里京子 なかざと・きょうこ
主な訳書に『ハチはなぜ大量死したのか』（文藝春秋）、『不死細胞ヒーラ』（講談社）、『第一印象の科学』（みすず書房）、『果糖中毒』（ダイヤモンド社）、『チャップリン自伝』（新潮社）、『がん免疫療法の突破口』（早川書房）、『おいしさの人類史』（河出書房新社）などがある。

Joshua Wong and Jason Y. Ng
UNFREE SPEECH
THE THREAT TO GLOBAL DEMOCRACY AND WHY WE MUST ACT, NOW
Copyright © Joshua Wong and Jason Y. Ng 2020
Introduction copyright © Ai Weiwei 2019
Foreword copyright © Chris Patten 2018
Epigraph on p. 177 © Martin Luther King 1963, reproduced with permission.
First published in 2020 by WH Allen.
WH Allen is a part of the Penguin Random House group of companies.
Japanese translation rights arranged with
EBURY PUBLISHING, a part of PENGUIN RANDOM HOUSE through
Japan UNI Agency, Inc., Tokyo

言論の不自由
香港、そして
グローバル民主主義に
いま何が起こっているのか

2020年8月20日　初版印刷
2020年8月30日　初版発行

著者　ジョシュア・ウォン＋ジェイソン・Y・ゴー
訳者　中里京子
発行者　小野寺優
発行所　株式会社河出書房新社
〒151-0051 東京都渋谷区千駄ヶ谷2-32-2
電話　03-3404-1201（営業）
03-3404-8611（編集）
http://www.kawade.co.jp/

組版　株式会社キャップス
印刷　株式会社亨有堂印刷所
製本　大口製本印刷株式会社

Printed in Japan
ISBN978-4-309-24968-1
落丁本・乱丁本はお取り替えいたします。
本書のコピー、スキャン、デジタル化等の無断複製は著作権法上での例外を除き禁じられています。
本書を代行業者等の第三者に依頼してスキャンやデジタル化することは、
いかなる場合も著作権法違反となります。